HISTOIRE
DES
PROTESTANTS
D'ANNONAY EN VIVARAIS
PENDANT LES TROIS DERNIERS SIÈCLES

PAR

E. ARNAUD PASTEUR

Président du Consistoire de l'Eglise réformée de Crest
Officier de l'Instruction publique
Membre correspondant
de la Société d'histoire et d'archéologie de Genève
de la Commission pour l'histoire des églises Wallones
et des
Sociétés huguenotes de Londres et d'Amérique

PARIS
LIBRAIRIE FISCHBACHER
Société anonyme
33, RUE DE SEINE, 33

1891

HISTOIRE

DES

PROTESTANTS D'ANNONAY

HISTOIRE
DES
PROTESTANTS
D'ANNONAY EN VIVARAIS
PENDANT LES TROIS DERNIERS SIÈCLES

PAR

E. ARNAUD Pasteur

Président du Consistoire de l'Eglise réformée de Crest
Officier de l'Instruction publique
Membre correspondant
de la Société d'histoire et d'archéologie de Genève
de la Commission pour l'histoire des églises Wallones
et des
Sociétés huguenotes de Londres et d'Amérique

PARIS
LIBRAIRIE FISCHBACHER
Société anonyme
33, RUE DE SEINE, 33

1891

Sources particulières de l'histoire des Protestants d'Annonay.

Imprimés

Achille Gamon, Sommaire discours d'auculnes choses mémorables arrivées dans la ville d'Annonay et lieux circonvoisins depuis l'année 1552 (dans d'Aubais, Pièces justificatives, t. I). — Réédité par J. Brun-Durand, d'après un manuscrit plus complet ; Valence, 1888, in-8°. Tirage à part du *Bulletin de la Société d'archéologie de la Drôme.*

A. Mazon, Notice sur la vie et les œuvres d'Achille Gamon et de Christophle de Gamon ; Lyon et Paris, 1885, in-8°.

Histoire remarquable des persécutions de l'Eglise refformée de la ville d'Annonay en l'année 1635 (dans le *Bulletin de la Société de l'histoire du protestantisme français*, t. I, p. 285-292).

Le martire du ministre d'Annonay, mis en croix par ceux de sa religion (s. l. ni d.), in-12.

A. Poncer jeune, Mémoires historiques sur Annonay et le haut Vivarais ; Annonay et Lyon, 1834-1835, 2 t. in-8°.

Filhol, Histoire religieuse et civile d'Annonay et du haut Vivarais ; Annonay, 1880-1882, 4 t. in-8°.

Discours prononcés à Annonay par *J.-J.-H. Kœnig* et imprimés par ordre de la Société des Amis de la Constitution. Vous avez été rachetés à grand prix, etc., 1 Cor., 7, v. 23. — A la suite et du même : Discours servant de réponse à différentes objections faites aux quatre Commissaires députés à la Fédération Patriotique tenue à Valence, Département de la Drôme, le 3 juillet 1791. — Annonay (s. d.), in-8°.

Factum pour les habitans de la ville de Boulieu en Vivarets faisant profession de la R. P. R., demandeurs en lettres de règlement de juges contre les habitans de la Religion catholique, apostolique et romaine défendeurs (s. l. ni d.), in-4°.

Manuscrits

Livre journal ou de raison, des affaires domestiques de Maistre *Achille Gamon*, licencié ez droictz, habitant de la ville d'Annonay en Vivarois (Bibliothèque d'Annonay).

Duret, docteur, Notes pour servir à l'histoire d'Annonay et des environs (Idem).

Registres de baptêmes, mariages et mortuaires des églises réformées d'Annonay et de Boulieu de 1576 à 1788 (Archives du Conseil presbytéral d'Annonay).

Pièces diverses relatives aux protestants d'Annonay (Idem).

Dame *Chomel*, religieuse de Sainte Claire, Annales de la ville d'Annonay écrites pour son neveu Louis Chomel, fils de Siméon Chomel (Bibliothèque d'Annonay).

Louis Chomel le Béat, Histoire du protestantisme à Annonay (Archives départementales de l'Ardèche et de M. A. Mazon).

Pièces diverses communiquées par Mad. Dobler-Alléon.

AVANT-PROPOS

Cette Histoire *est publiée à la demande du Conseil presbytéral de l'Eglise Réformée d'Annonay, qui a pensé que le récit des longues et douloureuses épreuves que les protestants Annonéens eurent à subir pendant les trois derniers siècles pour défendre, non seulement leur religion, mais encore leurs biens, leur liberté et leur vie, est éminemment propre à fortifier la foi de leurs descendants. Ces derniers, sans doute, ne songent en aucune façon à raviver des rivalités et des haines, éteintes depuis un siècle, mais ils estiment qu'il est utile de préserver de l'oubli la mémoire de leurs ancêtres, dont la noble constance est à la fois un exemple et un stimulant pour leur piété.*

Pour ce qui est de cette Histoire *même, elle n'est pas proprement un ouvrage nouveau. C'est la simple réunion des divers passages consacrés aux annales des protestants d'Annonay dans l'*Histoire des protestants du Vivarais et du Velay *parue en 1888 (1). On s'est borné à la faire suivre des principales dates de l'Histoire de l'Eglise réformée d'Annonay au dix-neuvième siècle.*

E. A.

---

(1) A Paris, en deux forts volumes, grand in-8°. S'adresser à l'auteur.

HISTOIRE

DES PROTESTANTS D'ANNONAY

ÉTABLISSEMENT DE LA RÉFORME

1528-1562

Annonay, cité ancienne, déjà commerçante au seizième siècle et ressortissant à l'archevêché de Vienne pour le spirituel, a été une des premières villes du Vivarais où s'introduisit la Réforme. Les reliques de Sainte-des-Vertus (1), vierge, martyre et fille de sainte Félicité, envoyées de Rome à Annonay en 1333 par le cardinal Bertrand, originaire de cette ville, y étaient l'objet d'un culte superstitieux. Renfermées dans une riche châsse d'argent, suspendue d'ordinaire au plafond de l'église, les prêtres prétendaient qu'un profane, ayant un jour voulu la regarder de trop près, devint perclus de tout ses membres et aveugle. « Le jour de l'Ascension, » dit Bèze, « cette châsse était descendue et portée avec

(1) *Sancta virtutum*. Chomel, dans ses *Annales* (manusc.), décrit longuement ces reliques.

grandes cérémonies et suite d'hommes, femmes et enfants, y accourant de toutes parts, en chemise, tête nue et pieds-nus, s'estimant bien heureux ceux qui en pouvaient approcher pour la baiser ou passer par dessous. Qui plus est, un temps fut que, passant cette châsse par le château, tous prisonniers étaient délivrés de quelque crime qu'ils fussent atteints, exceptés ceux qu'on appelait luthériens. »

« Etant donc, » continue Bèze, « cette pauvre ville plongée en telles ténèbres, Dieu y envoya, l'an 1528, un certain docteur en théologie, cordelier, qui avait pris la peine d'ouïr Martin Luther en personne, au pays de Saxe, nommé Etienne Machopolis. » Il s'éleva librement, en public et en particulier, tant contre le culte rendu aux reliques de Sainte-des-Vertus que contre plusieurs autres superstitions. Bientôt contraint de fuir, il fut remplacé, l'année suivante, par un autre cordelier, nommé Etienne Rénier, qui s'éleva avec plus de force encore contre les reliques, fut arrêté, conduit à Vienne et brûlé vif, sans qu'on pût obtenir aucune rétractation de sa part (1). Antoine Jonas, maître des écoles d'Annonay, homme docte et pieux, continua leur œuvre, en 1531, en s'élevant contre les indulgences, l'invocation des saints et le culte des images. Il fut incarcéré de même, puis délivré par l'entremise de quelques amis, mais non sans avoir fait devant ses juges une confession complète de sa foi. Irrité de voir que Jonas lui avait échappé, l'archevêque de Vienne, qui était pour lors Pierre Palmier, fit saisir et conduire à Vienne vingt-cinq habitants d'Annonay, qui étaient imbus des idées nouvelles. Les

(1) Charvet, *Histoire de la sainte Eglise de Vienne*, p. 541, suivi par Filhol, t. I, p. 342, affirme par erreur que Rénier fut seulement condamné aux galères.

uns moururent de langueur dans leur prison et les autres purent se libérer en payant des amendes.

Ces supplices ne suspendirent pas à Annonay le mouvement des esprits vers la Réforme, car nous voyons, vers 1539, un marchand d'Annonay, nommé André Berthelin, qui fut condamné à être brûlé vif pour n'avoir pas voulu, se rendant à la foire de Lyon, s'agenouiller devant une image placée sur sa route.

En 1546, un autre personnage, nommé François d'Augy, qui passait par Annonay en revenant de Genève, fut arrêté et également condamné à être brûlé vif dans cette ville par le parlement de Toulouse. Au milieu des flammes, le fidèle confesseur s'écriait : « Courage, mes amis, je vois les cieux ouverts et le Fils de Dieu qui s'apprête à me recevoir. » Les assistants, fortifiés par ces paroles, manifestaient hautement leur foi et déclaraient qu'il ne dépendait pas d'eux qu'ils ne montassent eux-mêmes sur le bûcher. Aucun d'eux toutefois ne fut poursuivi, à l'exception d'un ancien marguillier, nommé Antoine de Saint-Paul qui, n'ayant pu être payé d'une portion de son traitement, « emporta en sa maison l'hostie comme pour gage, » et fut impitoyablement brûlé vif, quoiqu'il fût faible d'entendement, au vu et au su de tout le monde ; qu'il eût confessé sa faute et restitué l'hostie ; mais on voulut lui persuader qu'il était luthérien.

Quelques années plus tard, vers 1555, le carme et docteur en théologie Pierre Richer, dit de Lisle, encore revêtu de l'habit de son ordre, mais luthérien de cœur, se rendit à Annonay (1). La prudence, car il y

(1) C'est par erreur que Poncer, *Mémoires historiques sur Annonay*, t. II, p. 19, suivi par Filhol, t. I, p. 343, dit que Richer était ministre à cette époque. Il ne fut consacré que l'année suivante. — Sur la vie accidentée de Richer, voy. *La France protestante*.

allait de sa vie, l'obligea d'abord à user de grands ménagements dans ses discours. Aussi se borna-t-il à annoncer l'Evangile dans les quelques familles où il fut reçu ; mais, s'étant enhardi peu à peu, il présida quelques réunions secrètes et s'éleva finalement en chaire contre les abus de l'Eglise romaine, si bien que l'autorité, en ayant été informée, s'apprêtait à lui faire son procès, quand il parvint à fuir, mais en laissant la majeure partie de la villle imbue des idées nouvelles. « Bientôt après, » dit Poncer, « la religion romaine y devint l'objet du mépris et des railleries des habitants ; les prêtres n'osèrent se montrer en public et les églises furent désertes. Il est vrai qu'à cette époque beaucoup de catholiques ne faisaient pas honneur à leur religion par leurs mœurs déréglées. Les chanoines de l'église paroissiale qui, par leur état, devaient être le soutien de la religion, négligeaient de célébrer le culte divin tous les jours selon l'ancienne coutume, malgré les plaintes des habitants, les uns par avarice, les autres par paresse ; et parmi eux ils s'en trouvaient peu qui pussent défendre la vérité des dogmes de la foi. »

Pour comprimer cet entraînement général des Annonéens vers la Réforme, le comte Honorat de Savoie, marquis de Villars, lieutenant général du roi en Languedoc, y envoya sa compagnie d'hommes d'armes ; mais la présence de ces soldats n'ayant fait qu'irriter les esprits, Antoine de Marillac, abbé de Thiers, que le célèbre Achille Gamon, avocat et premier consul à Annonay, avait connu à Toulouse, obtint, par l'entremise de son frère, Charles de Marillac, archevêque de Vienne et président du conseil privé du roi, qu'ils évacuassent la ville quatre ans plus tard en 1559.

La même année, il se tint à l'hôtel de ville d'Annonay une assemblée générale des habitants, qui fut présidée par le même Achille Gamon (1). On y prit la résolution de s'opposer à la diffusion des nouvelles doctrines, mais ce ne fut en quelque sorte que pour la forme. Celles-ci s'affermirent de plus en plus dans la cité et la nouvelle Eglise continua à « s'avancer petit à petit. »

C'est ce qui enhardit sans doute plusieurs prédicateurs de Provence et de Dauphiné à venir à Annonay, où ils tinrent de fréquentes assemblées religieuses chez Hugues Morin, quartier du Champ, et célébrèrent des baptêmes et des mariages « à la mode de Genève » ; mais ce ne fut pas sans causer une perturbation profonde dans la ville. C'est pourquoi le parlement de Toulouse chargea, le 20 mars 1560, Gaillard de Montcalm, juge mage de Nîmes, de se transporter à Annonay et d'y apaiser les tumultes que les religionnaires y avaient excités ; mais il n'exécuta point sa commission sous prétexte qu'il y avait péril pour sa vie. « C'est le motif, » dit Ménard, « qu'il allégua dans une lettre qu'il écrivit à ce sujet, le 18 d'Avril de cette année, à Bertrand Sabatier, procureur général au parlement de Toulouse. Il lui marqua qu'il n'avait pu aller à Annonay, à cause du risque qu'il y aurait couru ; ajoutant qu'il n'y avait point assez de forces pour réduire les séditieux ; que d'ailleurs sa présence était nécessaire à Nîmes, où l'on avait découvert des assemblées des hérétiques. Il paraît néanmoins que l'excuse de cet officier était légitime et sa crainte fondée. »

En conséquence de la réponse de Montcalm, le parlement de Toulouse donna l'ordre à Juste II de Tournon, bailli d'épée du Vivarais, de se rendre à Annonay, avec des forces suffisantes, pour arrêter et punir ceux qui

(1) Il était encore catholique à cette époque, et embrassa la Réforme au retour de l'assemblée des Etats du Languedoc, tenue en mars 1561, à Montpellier (Filhol, t. I, p. 363).

avaient participé aux émotions arrivées dans cette ville, et au vicomte de Joyeuse et à toute la noblesse du pays d'y tenir la main. Mais, quand le seigneur de Tournon se présenta à Annonay avec main forte, les habitants réformés lui firent dire de se retirer, et il fut heureux de s'en retourner la vie sauve. A dater de ce moment, le protestantisme fit des progrès considérables dans la ville et se répandit dans tous les lieux environnants.

Le bailli du Vivarais ne voulut point pourtant renoncer entièrement à remplir sa mission et fit arrêter, le 17 août, Louis Bironis, greffier de la ville, et, quatre jours après, Antoine Faure, procureur du roi, et le gentilhomme Guillaume de Cussonnel. Ils s'attendaient à être condamnés à mort et exécutés, mis ils purent bénéficier de l'édit d'abolition de François II, paru au mois de mars précédent, qui faisait « pardon, rémission et abolition générale pour le passé, de tous les crimes et cas quelconques, concernant le fait de la foi et religion (1). »

L'église d'Annonay, ayant continué de prospérer, demanda, au commencement de l'année 1561, pensons-nous, un ministre à la Compagnie des pasteurs de Genève, qui lui envoya Pierre Raillet ; mais un arrêt sévère du parlement de Toulouse du 2 mai 1561 vint arrêter les travaux d'évangélisation de ce dernier, qui retourna à Genève, comme nous l'apprend la lettre suivante, adressée aux pasteurs et professeurs de cette ville.

« Grâce et paix par Jésus-Crist.

« Les frères de l'Eglise d'Annonay.

---

(1) Bèze, *Hist. eccl.* t. I, p. 5, 6, 15, 16, 31. Crespin, *Hist. des martyrs*, fol. 102, 126, 191. *Histoire générale du Languedoc*, t. VIII, p. 307. Poncer, *Mémoires historiques sur Annonay*, t. II, p. 17-21, 23. Filhol, t. I, p. 342-345, 358. Ménard, *Histoire civile, ecclésiastique et littéraire de la ville de Nimes*, t. IV, p. 235, 236.

« Messieurs, Il vous avait été plaisant, par la grâce de notre Dieu, nous envoyer Me Pierre Raillet, présent porteur, pour nous ministrer la Parole de Dieu et, comme nous profitions, Satan nous dressa ses embûches, tellement qu'après deux exhortations la cour de parlement de Toulouse donna un arrêt du deuxième de mai, qui fut publié en notre ville le vingt-quatrième, où les assemblées, entre autres choses, sont défendues sur peine d'être pendu et étranglé, et que les ministres seraient pris [tout ainsi que] ceux qui les logeraient et ceux qui bailleraient maisons où l'on s'assemblait, de façon que nous avisâmes de surseoir pour quelque petit temps. Cependant le dit maître Pierre, notre porteur, voyant qu'il ne faisait rien, a pris envie d'aller jusques à Genève, où il a quelque affaire, et de notre consentement, à la condition toutefois qu'il ne nous abandonnera point, comme il l'a promis, ains (mais) reviendra quand le manderons, ce qu'espérons sera bientôt. Il vous plaira excuser notre infirmité et prier pour nous, pour la confirmation de notre foi. Nous avons envoyé homme exprès à la cour pour avoir quelque déclaration contre nos persécuteurs. Dieu, par sa grâce, fasse prospérer ce voyage à l'avancement de sa gloire et à notre salut. Nous avons baillé les lettres de M. Copius à M. de Mater... et à Pierre Demier (?), qui n'ont voulu faire aucune réponse, nonobstant que les ayons beaucoup sollicités. La bénédiction de Dieu, notre Père, et de Jésus-Christ, son fils, notre Seigneur, soit et demeure éternellement avec vous. D'Annonay, ce premier juin 1561.

« Vos humbles serviteurs, les frères de l'Eglise de Notre-Seigneur (1). »

Nonobstant ces traverses, l'église d'Annonay se fit représenter au synode provincial de Die en Dauphiné,

---

(1) Manusc. franç. de la bibl. de Genève, n° 197a.

du 31 juillet 1561, qui décida qu'elle serait « reçue en alliance et compagnie avec les Eglises du Dauphiné et Lyon.. » L'union fut confirmée au synode provincial de Peyraud, assemblé le 8 septembre suivant.

Sur ces entrefaites, fut publié à Annonay, le 1er octobre 1561, l'édit du mois de juillet précédent. Il était relativement modéré, mais, néanmoins, il interdisait les prêches d'une façon absolue. Malgré sa teneur explicite, plus de cinquante réformés d'Annonay (1) demandèrent au bailli Fleury de Boulieu, sieur de Jarnieu, l'autorisation de célébrer leur culte dans la ville, « disant qu'ils avaient longuement erré d'avoir tenu les anciennes constitutions de l'église romaine et qu'ils avaient été idolâtres, de quoi ils criaient merci. » Le bailli n'ayant pas accédé à leur vœu, ils s'assemblèrent le lendemain, en dehors des murs, à La Prâ, commune de Roiffieux ; puis à Annonay même, dans la maison d'Antoine Faure, où demeurait le pasteur, qui était sans doute Pierre Raillet, dont il est parlé plus haut. Ils se transportèrent ensuite dans celle d'Hugues Morin, au Champ, qui fut convertie en temple et, à partir de décembre, au prieuré de Trachi ; enfin, dans l'église paroissiale (1er Janvier 1562), et rue Saint-Michel. Ils abattirent du même coup toutes les croix de la ville, des faubourgs et des lieux circonvoisins (6 Mars) ; ensuite les autels et les images des églises, soit à Annonay, soit dans les environs (15 Mars) ; et, leur nombre s'étant accru d'une manière si considérable qu'aucune église ne pouvait les contenir, ils firent prêcher leur ministre sur la place publique et élurent des consuls protestants.

---

(1) Entre autres : Vincent, Jean Crottier, Viret, Antoine Faure, procureur, Pierre Cossonet, juge d'appeau, André Ducros, Etienne et Antoine Chomel frères, Pierre Monier dit Châtinais, Jean Faure dit Bonhomme, Jean Chomel de Varagne le Vieux, Cadoret, Mathurin Indi leur avocat (*Mémoires* de Jarnieu, dans ceux de Dame Chomel, manusc.).

A dater de ce moment, ils furent les maîtres absolus dans la cité, et s'opposèrent à la célébration du culte catholique. Le bailli obtint d'eux, pourtant, que la communion de Pâques ne serait pas troublée. Pour eux, ils célébrèrent ce jour-là la sainte cène sur la place des Cordeliers ; et leur ministre, se méfiant de l'esprit de justice du bailli, jugeait lui-même les procès et contestations de ses ouailles. Mais tous ces changements, comme on pouvait s'y attendre, ne s'opérèrent pas sans trouble. Il n'y eut toutefois aucun crime grave de commis contre les personnes (1). Les magistrats catholiques, du reste, avaient donné les premiers l'exemple de la violence, ainsi que le prouve cet article du synode provincial de Peyraud du 8 septembre 1561 : « Il a été arrêté que les torts et griefs faits aux fidèles... d'Annonay par les magistrats... ou autres particuliers seront recueillis par lettres assurées pour être envoyées à M. de Crussol (2), afin qu'il poursuive telle provision qu'il pourra obtenir contre les dits magistrats et particuliers pour le soulagement des églises (3). »

Nous possédons une lettre des consuls d'Annonay à

---

(1) Suivant les historiens catholiques, les huguenots introduisirent, le 10 janvier 1562, un bœuf dans le couvent des cordeliers ; le 18, ils maltraitèrent divers catholiques qui leur faisaient des observations au moment où ils brisèrent les portes de l'ancienne église ; le 8 mars, François du Peloux, juge du Vivarais, ayant injurié un moine converti et manifesté le désir de le frapper, ils tentèrent, au nombre de cinq cents, de brûler sa maison, et brisèrent toutes ses fenêtres ; puis ils jetèrent des pierres au visage du régent de Pierre de la Brosse, archevêque de Vienne, chez qui du Peloux se trouvait au moment du siège de sa maison, et finalement frappèrent à coups de hallebarde le bailli de Jarnieu, qui leur faisait des remontrances au sujet de leur conduite.

(2) Antoine de Crussol, général des protestants du Languedoc.

(3) E. Arnaud, *Documents protestants inédits*, p. 21, 26. Gamon, dans *D'Aubais*, t. I. p. 3. *Hist. génér. de Languedoc*, t. VIII, p. 361. Poncer, *Mém. histor. sur Annonay*, t. II, p. 25-29. Filhol, t. I, p. 361-370. Dame de Chomel, *Annales, etc.* (manusc.).

Calvin du dernier avril 1562, qui nous a fait connaître exactement l'état de la Réforme dans leur ville et dans les contrées environnantes. « L'église de cette ville d'Annonay, disent-ils, a reçu un tel fruit du ministère du ministre, que le Seigneur, par votre main, y a dressé, que toute cette ville est réformée (la louange en demeure à l'Éternel). Il est vrai que M. Maître Pierre Raillet, notre ministre, ne fait que se plaindre à nous de son insuffisance, voyant un si grand troupeau devant lui; — jà soit (bien que), [par] la grâce de Dieu, nous ayons grande occasion de nous contenter de sa doctrine et bonnes mœurs; — enfin, voyant encore son troupeau accroître même des habitants des montagnes du Velay prochaines à cette ville, descendant ici en grand nombre pour ouïr la Parole; lequel pays de montagne est de longue étendue, et il y a beaucoup de villes impourvues de ministres. Le dit sieur Raillet a demandé temps pour aller étudier davantage par devers vous pour se mieux façonner, ou bien que nous eussions un autre ministre avec lui plus exercé, qui lui aidât à subvenir à une si grande assemblée, étant de dix à douze mille, et avec lequel il pût profiter. Nous, voyant qu'il est impossible qu'il puisse satisfaire à une si plantureuse assemblée du Seigneur, laquelle d'ici là, ès jour de dimanche, il faudra diviser en deux à même heure, avons à vous supplier, en continuant à nous bien faire, de nous pourvoir d'un autre ministre en la Parole de Dieu et ses saints sacrements, afin de les garder tous deux, ou bien, si celui qu'il vous plaira nous envoyer peut mieux suffire à tant de peuple, acquiescer à ce [que] le dit seigneur Raillet demande pour un temps de s'aller exercer davantage à l'étude. Et nous aurons à prier le Seigneur Dieu et Père qu'il lui plaise faire prospérer en vous ses grâces de plus en plus, nous recommandant très humblement à la vôtre et à vos prières et oraisons. »

La lettre se terminait par la recommandation du diacre

André Ducros, que l'Eglise de Macheville, près Lamastre, devait avoir pour pasteur (1).

Raillet écrivit de son côté à Calvin, le 29 avril 1562, la lettre qui suit, que nous traduisons du latin : « Quoiqu'il paraisse absurde à un homme d'une instruction presque nulle de solliciter par lettre un aussi grand personnage, je ne puis pourtant, encouragé par votre bonté et cédant aux prières de ce verger, ne pas vous écrire quelques mots des choses qui se passent ici, de peur que vous ne les ignoriez. Toutes choses y vont bien, par la grâce de Dieu. Si la prédication de la Parole, l'administration des sacrements, les prières publiques, tout ce qui regarde les exercices divins, se pratiquent très librement quelque part, c'est surtout ici. Toutes les idoles ont été détruites et ce monstre de la messe s'est exilé de lui-même. En somme, le nombre des chrétiens est tellement grand ici, et leur multitude augmente à ce point, que vous ne rencontreriez que très peu de papistes et que, s'il y en a, ils osent à peine pratiquer leur religion. Une seule vous affligera, c'est que plusieurs fourbes se mêlent à notre troupeau, et que, par leurs vices, le nom de Dieu, sa doctrine et celle de son ministre, sont couverts d'opprobre. C'est la faute du magistrat (2). C'est pourquoi je vous prierai, si cela ne vous importune pas, de me faire connaître votre sentiment sur ce point. »

La lettre se termine, comme celle des consuls, par la recommandation de Ducros, qui devait porter les deux à Calvin (3).

Nous pensons que Raillet demeura à son poste, et que Calvin envoya pour le seconder un second pasteur,

---

(1) Calvini *Opera*, vol. XIX, n° 3779.
(2) Le bailli d'Annonay, Fleury de Jarnieu.
(3) Calvini *Opera*, vol. XIX, n° 3778.

Pierre Bollot, qui était à Annonay, fin octobre 1562, en même temps que lui, et que nous trouvons à Tournon l'année suivante. Il avait été antérieurement pasteur à Noyers.

GUERRES DE RELIGION

1562 à 1598

Dès qu'on apprit en Vivarais le massacre de Vassy (1er mars), la fuite de la reine mère et du jeune roi Charles IX à Fontainebleau, l'enlèvement de ce dernier par le roi de Navarre, Antoine de Bourbon, et le duc de Guise, François de Lorraine, qui le conduisirent à Melun, puis à Paris; enfin le départ de la cour du prince de Condé, Louis de Bourbon, son entrée à Orléans (2 avril), et son alliance avec les divers seigneurs huguenots du royaume (11 avril), les principales villes du Vivarais, savoir : Privas, qui prit la première les armes, Tournon, Annonay, Aubenas, Viviers, Villeneuve-de-Berg et autres, où les protestants étaient les plus forts, se rangèrent du parti de Condé, supprimèrent l'exercice du culte catholique et firent prêcher publiquement les doctrines réformées.

A Annonay, un ancien moine, nommé Ponce, donna une prédication où assistèrent plusieurs religieux et religieuses (3 mai). Quelques jours après (7 mai), le capitaine Claude Lapra, des Cévennes, qui était venu à Annonay, avec une commission du fameux François de Beaumont, baron des Adrets, pour saccager les églises et se saisir des dîmes et revenus des couvents, alla piller, avec une vingtaine de soldats et trois bourgeois d'Annonay, le couvent des pères Célestins de Colombier-le-Cardinal. François de Fay, baron de Peyraud, qui avait le grade de colonel de cavalerie dans les troupes protestantes du Languedoc, apprenant le fait, se fit délivrer, pour occuper le couvent d'une façon permanente, une commission de la part du baron des Adrets, qui s'intitulait « colonel des légions de Dauphiné, Provence, Lyonnais et Auvergne, élu général en chef des compagnies assemblées pour le service de Dieu, la délivrance du roi et de la reine sa mère, et conservateur de leur Etat ès dits pays. » Peyraud fit sortir Lapra et mit dans le château trente fantassins et vingt cavaliers, qui furent nourris aux frais des religieux, depuis le 17 mai jusqu'au mois d'octobre suivant. Ils consommèrent toutes les provisions du couvent, qui s'endetta en outre de 1,665 livres pour les faire subsister.

D'autre part, les protestants d'Annonay, sentant le besoin d'avoir un gouverneur, firent venir de Lyon Pierre Guéron (ou Guerry), sieur de Prost, qui prit le nom de « capitaine des églises réformées du Vivarais. » Sous son commandement ils se mirent à dépouiller pendant la nuit les églises de la ville de tous leurs ornements d'or et d'argent et brûlèrent la chasse célèbre de Sainte-des-Vertus (27 juillet). Les consuls et le procureur du roi vendirent ces ornements, le lendemain, aux enchères publiques, et en employèrent le produit à la défense de la ville. Les divers papiers et titres des églises et des couvents furent brûlés sur la place publique, et les catholiques n'eurent plus la permission de dire la messe.

Ces diverses violences irritèrent profondément les catholiques du Velay, notamment Antoine de Latour, baron de Saint-Vidal, Antoine de Sénectère, évêque du Puy, et autres, qui menacèrent de venir assiéger Annonay. Les consuls, craignant de ne pouvoir garder sûrement leur ville, non plus que de contenir les habitants par suite de la diversité des sentiments sur la religion et du manque d'énergie du gouverneur Prost, remplacèrent ce dernier par François du Buisson, sieur de Sarras, sous le bon plaisir et par commission de des Adrets (27 juillet). Sarras arriva à Annonay à la tête de deux cents fantassins et de cinquante cavaliers, ce qui suffit pour décider les personnages nommés plus haut à retarder leur expédition contre Annonay. Le nouveau capitaine, croyant n'avoir plus rien à redouter, maltraita les gentilshommes catholiques voisins et vexa les habitants de la ville de cette religion.

Ce fut vers ce temps que Jean de Montluc, évêque de Valence, chargé d'une mission secrète de la reine mère, Catherine de Médicis, quitta Orléans et descendit dans les provinces méridionales de la France. Ayant prononcé à Lyon quelques paroles qui paraissaient incriminer la conduite des huguenots, le gouverneur de Vienne, François du Terrail, seigneur de Bernin, qui était de leur parti, décida de procéder à son arrestation. Averti à temps, Montluc se cacha dans un bois près d'Auberive, traversa le Rhône à Sablons et se réfugia à Annonay (15 août), où il fut reçu avec de grands égards, et assista aux prédications des ministres. Bernin toutefois, qui avait retenu ses bagages et son secrétaire, écrivit à Annonay qu'on eût à le mettre en lieu sûr, et l'évêque en manifesta un tel trouble qu'un personnage, du nom de Mourgues, jugeant à propos d'épier ses mouvements, l'aperçut cachant des papiers dans les lieux d'aisance de la maison de François du Peloux, sieur de Gourdan et de La Motte, où il était logé. Mourgues, s'étant saisi de ses papiers, qui, d'après son dire, « contenaient choses étranges à la ruine de ceux de la religion, » les porta à des Adrets, qui donna l'ordre à Bernin de faire venir Montluc à Vienne pour le juger, et aux consuls d'Annonay de le laisser partir, les menaçant, s'ils n'obéissaient, « de remplir, » dit Poncer, « la ville de corps, d'y mettre le feu et de la raser. » Informé du danger qu'il courait, Montluc se sauva d'Annonay un dimanche matin, par la porte de Champ, pendant que les habitants étaient au prêche, mais on s'aperçut de sa fuite, et trois protestants, se mettant à sa poursuite, l'atteignirent au faubourg de Croisette, sur la route de Bourg-Argental et le pressèrent de rentrer. Il y consentit malgré l'opposition des gens de sa suite qui lui conseillaient de fuir. Il rentra donc à Annonay, mais il se sauva une nouvelle fois, en pratiquant avec ses affidés un trou au mur de son logis, qui était attenant aux fossés de la ville (1er septembre). Des Adrets fut fort irrité contre les consuls de ce qu'ils avaient mieux aimé obéir à Jean de Parthenay Larchevêque, seigneur de Soubise, qu'à lui. Ce dernier était gouverneur de Lyon et Montluc, sitôt après son emprisonnement, ayant réclamé son appui, il avait écrit aux consuls de se bien garder de le remettre en d'autres mains que les siennes. Des Adrets, déjà fort mécontent de la nomination de Soubise au gouvernement de Lyon, auquel il croyait avoir droit, fut affermi par cette nouvelle circonstance dans le dessein qu'il avait formé de trahir son parti (1).

Cependant Henri de Montmorency, seigneur de Damville, qui tenait le parti de la cour et venait de présider les Etats du Languedoc, ayant été informé à Valence, par Christophe de Saint-Priest, seigneur de Saint-Chamond, et lieutenant du roi dans le Forez, que Peyraud occupait le couvent des pères célestins de Colombier-le-Cardinal, lui ordonna de l'évacuer, ajoutant qu'il voulait y loger le lendemain. Peyraud s'exécuta et Damville, accompagné de Saint-Chamond, prit possession du couvent le 21 octobre 1562. Ce dernier, sur l'ordre de Damville, le fit fortifier. Les travaux durèrent huit mois et les frais en furent supportés en partie par les paroisses environnantes.

La prise de Vienne par le duc de Nemours, Jacques

(1) Sur la valeur morale de Montluc, voy. E. Arnaud, *Hist. des prot. du Dauphiné*, t. I, p. 150.

de Savoie, gouverneur du Lyonnais, Forez et Beaujolais, jeta l'effroi sur les rives du Rhône (fin septembre). Saint-Vidal, Sénectère et autres gentilshommes du Velay, encouragés par cette victoire importante du parti catholique, s'apprêtèrent à marcher contre Annonay. Le capitaine Sarras, qui partageait l'effroi commun, décida néanmoins de leur résister, malgré les offres avantageuses que le duc de Nemours lui fit par l'intermédiaire du bailli Jarnieu ; et comme il manquait d'armes, il projeta une expédition à Saint-Etienne, ville du Forez, déjà renommée à cette époque pour ses manufactures d'armes.

Parti de nuit, le 27 octobre, avec 140 artisans ou laboureurs, qu'il fit armer, il se trouva le 28, au point du jour, aux portes de cette ville, qui se croyait en sûreté à cause du voisinage de Saint-Chamond et du duc de Nemours. Mais, s'étant arrêtés à emballer leurs armes et le butin considérable qu'ils firent, les Annonéens éveillèrent l'attention des paroisses voisines, dont les habitants, convoqués au son du tocsin, s'assemblèrent sous la conduite de Saint-Chamond, les attendirent dans un étroit passage entre le Grand-Bois et celui de Pilat, près de Bessac, fondirent sur eux et les mirent dans une complète déroute. Sarras fut fait prisonnier, de même que son frère, et cent vingt de ses gens furent tués ou blessés (1).

Cette défaite jeta le trouble dans Annonay, qui se trouva tout à la fois privé de gouverneur, de soldats et

(1) De Serres avance que Sarras et ses compagnons tuèrent plusieurs habitants et accomplirent des actes d'immoralité *(muliercularum que amoribus confidentiis immorantur)*; mais Gamon n'en dit mot, et Bèze assure que les Annonéens ne commirent aucun autre excès à St-Etienne que celui du pillage des armes et du butin. De Serres se trompe, du reste, quand il affirme que ces derniers furent surpris dans St-Etienne même par Saint-Chamond.

d'armes, de telle sorte que plusieurs habitants du parti réformé jugèrent prudent de prendre la fuite. Quatre jours après (31 octobre), Saint-Chamond, envoyé par le duc de Nemours, se trouva devant la ville avec quinze cents hommes, dont sept à huit cents arquebusiers du Forez et quelques canons, et la somma de se rendre, lui demandant seulement de se soumettre au roi et de lui remettre une certaine somme pour payer ses soldats ; mais il avait bien d'autres visées, comme on va le voir. Les habitants, ayant d'abord refusé de se rendre pour pouvoir mettre en sûreté leurs deux pasteurs, Pierre Raillet et Pierre Bollot, et leurs familles, délibérèrent de céder la place, mais avant que les termes de la capitulation fussent arrêtés, Saint-Chamond, ayant fait brûler une partie du pont de Déome et abattu la muraille contiguë au pont de Valgella, entra dans la ville à deux heures de l'après-midi, passa au fil de l'épée tous ceux qu'il trouva les armes à la main, fit précipiter du haut des tours les défenseurs qui s'y étaient postés, et dont les corps, dépouillés de tout vêtement dans les rues, devinrent la proie des chiens ; incendia et abattit les mêmes tours et livra la ville au pillage. « La désolation de cette pauvre ville ainsi surprise, » dit Bèze, « fut extrême, n'y étant oubliée aucune espèce de pillerie quant aux biens, jusques à emporter les gonds, barres et serrures ; ni de cruautés quant aux meurtres avec les plus horribles et détestables blasphèmes qu'il est possible de penser, dont je réciterai seulement trois exemples.

« Un pauvre serrurier, sommé de renier Dieu pour avoir la vie sauve, ayant refusé de le faire, fut découpé à coups d'épée. Un autre, nommé Jean Balmaret, paysan, lui étant proposé cet exemple, et ayant aussi peu voulu prononcer ce blasphème, fut assommé jusques à lui crever les yeux du talon d'une arquebuse. Un autre pauvre cloutier, âgé de quatre-vingts ans, et qui avait quasi perdu la vue, refusant de se donner au diable, traîné par ses pauvres cheveux gris en sa boutique, fut enlevé par les pieds sur son enclume, sur laquelle sa tête lui fut escarbouillée à coups de marteau. »

Le feu, mis par les soldats à la porte de Déome, et attisé par un vent violent, incendia vingt-deux maisons et, sans les soins du bailli Jarnieu, il aurait consumé toute la ville. D'autre part, le chevalier Jean d'Apchon, seigneur de Montrond, se mit à ravager les villages des environs d'Annonay, épargnant toutefois les femmes de la ville, dont la plupart, ainsi que les bourgeois les plus riches, avaient cherché un asile dans les maisons de campagne ou châteaux des gentilshommes catholiques, Nicolas du Peloux, Charles des Coulaux, son frère, de Jarnieu et autres, mais ils durent payer une rançon.

Saint-Chamond ne demeura pas longtemps à Annonay. Le 2 novembre, sur le faux bruit que des Adrets avait franchi le Rhône, il sortit de nuit comme un fuyard avec ses troupes, après leur avoir recommandé le plus grand silence, et établit le bailli Jarnieu avec une garnison dans le couvent des pères célestins de Colombier-le-Cardinal. Ses soldats détruisirent tout le butin qu'ils ne purent emporter. Ils défoncèrent les tonneaux de vin dans les rues et y répandirent le blé. Jean de Serres, qui devint célèbre dans la suite comme pasteur, négociateur et historien, et qui était le frère d'Olivier de Serres, se trouvait pour lors à Annonay. Il dit, en racontant ce désastre : « Je puis en parler comme témoin oculaire, moi qui y ai été présent et qui, tout à fait adolescent (1), en ai rapporté des marques par les cruelles blessures que j'ai reçues. »

(1) Ces mots *tout à fait adolescent* « admodum adolescens, » donnent raison aux auteurs qui font naître Jean de Serres en 1548 et non en 1540.

La ville d'Annonay resta deux mois « désolée et comme déserte, dit Bèze, où se retiraient toutefois quelques-uns, peu à peu, qui s'étaient cachés, les uns en quelques maisons des gentilshommes voisins, les autres par les bois et les montagnes, ne pensant à autre chose, à leur retour, qu'à se tenir coi et céder à cette tempête. » Mais les consuls, le procureur du roi Pierre Peichon et cinq ou six autres personnages d'Annonay, qui avaient cherché un asile à Tournon et à Valence, « ayant plus de courage, » implorèrent le secours du comte de Crussol. Ce dernier, conformément à la délibération de l'assemblée politique protestante de Baix, qui avait décidé qu'on reprendrait Annonay, leur envoya Saint-Martin, seigneur de Cournonterral, comme son lieutenant en Vivarais, « lequel, » dit Bèze, « arrivé à Annonay le 28e de décembre [1562] avec environ 400 hommes, que de pieds que de cheval (1), usa de toute diligence pour réparer les murailles, fortifier les portes, et pourvoir en général à la défense de la ville ; ayant même sommé et tâché d'avoir le château des Célestins, mais en vain ; car soudain Nemours renvoya Saint-Chamond avec des forces d'environ 4,000 hommes, ramassés de tous les pays d'alentour, avec lesquels, et deux pièces de canon, il se trouva devant la ville le 10e de janvier. »

Saint-Martin s'était retiré le 9 à Tournon avec la plupart de ses cavaliers et avait confié la défense de la place aux capitaines Prost, Lespine, Montgros et Bouchet, en leur promettant des renforts, qu'il ne put envoyer. C'est pourquoi Saint-Chamond, qui brûlait du désir de re-

---

A cette dernière date, il aurait eu vingt-deux ans : ce qui ne cadre pas avec sa déclaration.

(1) Filhol dit que les soldats de Saint-Martin commirent des violences, mais Gamon n'en parle point, et Bèze assure qu'ils ne rencontrèrent aucune résistance dans la ville.

prendre Annonay, occupa sans difficulté le faubourg de La Reclusière, établit ses canons devant le couvent de Sainte-Claire, faubourg de Déome, et battit les remparts sur un point où se dressait un pigeonnier attenant à un jardin élevé et au pied duquel se trouvait le chemin de Recurson. « Là donc furent tirés, » dit Bèze, « environ cinquante coups de canon, qui firent assez grande brèche, mais de si difficile accès qu'il était même comme impossible de la venir reconnaître, joint que Montgros, qui avait la charge de ce quartier, faisait une merveilleuse diligence de remparer autant de pertuis que pouvait faire le canon [étant secondé par des femmes qui lui apportaient des vivres et des matériaux]. Cela fut cause que Saint-Chamond [qui avait perdu beaucoup de monde, commençait à manquer de poudre et de boulets et avait eu un de ses canons éventré], délibéra de parlementer et faire composition, et fit tant, après plusieurs allées et venues de Jarnieu et d'une pauvre femme du faubourg, qu'on contraignait de faire office de trompette, que la capitulation fut accordée sur la minuit, aux grands regrets des soldats étrangers et de leurs capitaines, aux conditions qui s'en suivent : que les chefs et soldats étrangers se retireraient en toute sûreté avec leurs armes et chevaux, laissant toutefois leurs enseignes ; — que l'infanterie ne rentrerait point dans la ville, mais seulement quelques gens de cheval en petit nombre pour s'y rafraîchir et y demeurer seulement un jour ; — qu'aucun de la ville en recevrait dommage ni déplaisir, pouvant les hommes, pour plus d'assurance, si bonheur semblait, se retirer au château et les femmes et les enfants ès maisons des sieurs de Jarnieu et du Peloux. »

Conformément à ces articles, les capitaines et soldats étrangers quittèrent Annonay. Sortis par la porte de Tournon ils cheminaient paisiblement quand le chevalier d'Apchon les chargea traîtreusement, mais il n'y reçut que des coups et se retira sur les instances de Jarnieu. Mécontent de son échec, il se mit alors à piller et tuer tout ce qu'il rencontra à deux lieues à l'entour d'Annonay, sans avoir aucun égard ni à l'âge ni au sexe. Quant à Saint-Chamond, ne respectant pas les termes de la capitulation, il fit entrer dans la ville son infanterie, qui prit pour mot d'ordre ce blasphème *la double mort-Dieu* et commit d'effroyables excès, tuant les catholiques aussi bien que les protestants, de telle sorte que d'Aubigné affirme que « le sang courait d'un pied dans les rues. » Bèze raconte quelques scènes horribles.

« Une pauvre femme, dit-il, trouvée cachée dans sa maison avec son mari, fut violée en sa présence, puis contrainte de tenir l'épée en sa main, de laquelle, un autre lui poussant le bras, tua son mari. Antoine Fabre, qui avait déjà beaucoup souffert pour la religion et procureur du roi en la baronnie d'Annonay (1), et pareillement Jean Montchal, honnête bourgeois, et Imbert Ranchon, chirurgien, tous trois anciens du consistoire, furent précipités de la haute tour en présence et du commandement de Saint-Chamond, montrant une singulière constance. Plusieurs autres furent aussi précipités comme passe-temps et, entre autres, deux jeunes laboureurs, par faute de deux testons que quelques soldats leur demandèrent. Bref c'était une chose plus qu'horrible de voir l'un enfermé dans sa maison et y brûler, l'autre précipité d'une fenêtre ou de plus haut sur le pavé ; les cris et hurlements des filles et des femmes ; tout, rempli de flambes, de sang et de glaives ; les personnes exposées à l'encan et, pour ne trouver aucun qui les rachetât, cruellement tuées et massacrées. »

« Les maisons aussi étaient exposées de même ; et,

---

(1) Il était membre du conseil politique du comte de Crussol.

s'il ne se trouvait personne qui ne baillât argent, le feu était mis dedans, jusques à en brûler de cent à six vingts en cette façon (1) ; et, sans la diligence de quelques gens de bien, et entre autres de Jarnieu et du Peloux (qui sauvèrent surtout la plupart des femmes, joint que Dieu fit ouverture miraculeusement à quelques-uns, même à ceux qui s'étaient retirés au château), il semble qu'il ne fût demeuré créature vivante en cette pauvre ville, ni même aucuns biens, étant rompu et brisé par les soldats tout ce qu'ils ne pouvaient emporter, voire jusqu'à tirer coups de pistoles contre les tonneaux pleins de vin, dont il y avait grande quantité au pays, après en avoir bu leur saou, tellement que plusieurs caves furent remplies de vin ainsi perdu. Et dura cette furie jusques au quatorzième dudit mois, auquel jour Saint-Chamond ayant fait, outre tout cela, abattre les murailles de la ville en vingt lieux jusques au fondement, démanteler les tours, ôter les portes, se retira à Boulieu, petite ville à demi-lieu d'Annonay, où il fit quasi de même. » Après cela, il licencia ses soldats et alla s'enfermer dans le château ou couvent des pères célestins de Colombier-le-Cardinal (2).

Pendant cette première guerre de religion, le prince Louis de Condé avait été battu et fait prisonnier à Dreux (décembre 1562), et le duc François de Guise,

---

(1) Les faubourgs de Déome et de La Reclusière furent presque entièrement détruits. Plusieurs maisons du Champ devinrent également la proie des flammes.

(2) Crespin, fol. 671, 672. Bèze, t. II, p. 365-368. De Serres, *II. partis Comment.*, fol. 125, 126. *Recueil des choses mémorables*, p. 245-247. De Thou, t. III, p. 310, 379-381. D'Aubigné, t. I, col. 245, 246. *Hist. gén. de Languedoc*, t. VIII, p. 383, 390, 391, 393, 396, 398, 399. Gamon, dans *d'Aubais*, t. I, p. 3-5. Poncer, *Mém. histor. sur Annonay*, t. II, p. 29-49. Filhol, t. I, p. 372-399. Dourille, p. 56. Chalamel, *Notes et observations* (manusc.). Matthieu Duret, *Notes pour servir à l'histoire d'Annonay* (manusc.).

au moment où il allait se saisir d'Orléans, boulevard des Huguenots dans la région de la Loire, fut assassiné par Poltrot de Méré (18 février 1563). Rien ne s'opposant plus à la paix, elle fut conclue et suivie de l'édit de pacification d'Amboise (19 mars 1653), qui n'accorda l'exercice du culte réformé qu'aux nobles dans leurs châteaux, aux protestants des villes, qui jouissaient de la liberté de leur religion au 7 mars de la même année, et à ceux qui habitaient les faubourgs des villes de baillage ou de sénéchaussée. Les protestants des villages, de beaucoup les plus nombreux, étaient sacrifiés.

Les protestants d'Annonay obtinrent aussi la permission de célébrer leur culte. « Il semblait bien, » dit Bèze, « qu'il fût impossible que cette pauvre ville, ainsi désolée en toutes sortes, à grand'peine se relèverait jamais, et toutefois Dieu en disposa autrement, donnant un tel courage au demeurant à ces pauvres gens, que, nonobstant tout le passé et combien que depuis encore ils aient été chargés de garnison et passage de grande gendarmerie, toutefois s'entr'aidant les uns les autres et assistés d'une grâce miraculeuse devant les yeux de leurs ennemis, en peu de temps, ils se remirent en quelque état. Surtout ils pourchassèrent le rétablissement de l'exercice de la religion au milieu d'eux ; lequel leur fut accordé par le maréchal [François de Scépeaux, sieur] de Vieilleville, auquel se rendant obéissants, ils désistèrent de s'assembler publiquement (octobre) (1), mais ne laissèrent d'être particulièrement consolés par les maisons, avec prières et larmes assiduelles de Pierre Raillet, leur ministre, y faisant un très bon et très grand devoir. Finalement, Dieu leur fit cette grâce que la ville

(1) Ils en avaient obtenu l'autorisation de François d'Espée, colonel de cavalerie, qui était sans doute le gouverneur d'Annonay (Chalamel, *Notes et observations*).

d'Annonay, le vingtième d'août 1564, fut assignée par le roi, étant à Romans, pour lieu destiné à l'exercice public de la religion pour toute la sénéchaussée de Beaucaire, suivant l'édit de pacification, avec plusieurs privilèges et exemptions, en considération des calamités par eux souffertes: en quoi leur aida grandement envers le roi, Montluc, évêque de Valence, se souvenant du gracieux traitement qu'il y avait reçu lorsqu'il était retenu prisonnier par le commandement de des Adrets. » Les privilèges, auxquels fait allusion Bèze, furent l'exemption des tailles pendant un an, à dater du 1er janvier 1563.

*
* *

Depuis l'édit d'Amboise, Catherine de Médicis mit tout en œuvre pour pousser à bout les protestants. Elle restreignit les libertés qui leur avaient été concédées, arrêta avec le pape la destruction de leur religion, et, avec l'Espagne, celle de leurs personnes, les laissa opprimer par les gouverneurs et massacrer par les populations, et fit entrer six mille Suisses dans le royaume. Les protestants, menacés de perdre leurs biens, leur liberté et leur vie, décidèrent d'en appeler une nouvelle fois au sort des armes. Le soulèvement fut fixé au 28 septembre 1567, mais il se déclara quelques jours plus tôt.

Pendant cette deuxième guerre, les Annonéens des deux religions convinrent entre eux qu'ils vivraient en bonne harmonie sous l'obéissance du roi et de l'édit d'Amboise, et qu'ils se protègeraient mutuellement ; de sorte que la tranquillité de la ville ne fut pas troublée.

*
* *

L'édit de Paris du 23 mars 1568, donné à la suite de la paix de Lonjumeau, qui mit fin à la deuxième guerre de religion, fut très mal exécuté par la cour, qui ne licencia pas ses troupes, comme les deux partis en étaient convenus, et laissait massacrer les protestants dans plusieurs lieux, et la guerre recommença cinq mois après.

Jacques de Crussol, baron d'Acier (1), sur l'ordre du prince Louis de Condé, fit de grandes levées de troupes dans les provinces méridionales de la France. Le Dauphiné fournit douze mille hommes, répartis entre sept régiments, commandés par Charles du Puy, seigneur de Montbrun ; Claude de Mirabel, seigneur de Mirabel ; Matthieu de Forêts, seigneur de Blacons ; Jean de Fay, seigneur de Virieu (2), et son neveu Jean de Saint-Priest de Saint-Chamond, seigneur de Saint-Romain (3), ancien archevêque d'Aix en Provence et frère cadet du cruel Saint-Chamond ; Pierre Sauvain, seigneur du Cheylard ; Antoine de Pracontal, seigneur d'Anconne ; Jean Flotte, dit le capitaine Aurouse (ou Orose). La Provence, la principauté d'Orange et le comtat Venaissin fournirent un régiment et deux cornettes de cavalerie commandés par Paulon de Mauvans ; le bas Vivarais, un régiment comptant onze enseignes sous les ordres de François de Barjac, seigneur de Pierregourde, plus une cornette de cavalerie commandée par de Thoras.

L'ordre de départ arriva le 25 août 1568, et le rendez-vous général des divers régiments fut fixé à Alais. Les troupes du Dauphiné résolurent de passer le Rhône sur deux points : celles du Grésivaudan et du Viennois, vis-à-vis de Peyraud, et celles du Gapençais, des Baronnies,

---

(1) Connu jusque-là sous le nom de Beaudiné. Il avait cédé cette seigneurie à son frère Galiot, en 1566 (*La France protestante*, t. IV, p. 135).

(2) Par sa femme Louise de Vorey, dame de Virieu.

(3) Par sa femme, Claudine de Fay, dame de Saint-Romain-Valmordane en Velay.

du Diois et du Valentinois, vis-à-vis de Baix, dont les capitaines Du Pont et Des Ollières s'étaient saisis. C'est sur ce point que Mauvans et ses soldats devaient aussi franchir le fleuve. Or, comme c'était un capitaine d'une rapidité de mouvement et d'une habileté d'exécution remarquables, il arriva le premier sur les bords du Rhône et construisit un fort en terre, qui facilita la traversée du fleuve à ses troupes et à celles des colonels dauphinois, qui devaient le passer au même endroit. Pierregourde n'avait pu, malgré sa diligence, lui envoyer que sur la fin les pionniers, munis de pics, pelles et cognées, dont il aurait eu un grand besoin.

Les troupes du Viennois et du Grésivaudan, commandées par Virieu et Saint-Romain, franchirent le Rhône à Serves (1), et cantonnèrent leurs soldats, formant un régiment de dix-sept enseignes, plus une cornette de cavalerie, à Andance, dont l'église fut saccagée. Jacques de Fay, seigneur de Changy, dit le jeune Changy, qui occupait le château de Peyraud, se joignit à eux. C'était dans les premiers jours de septembre.

Virieu, ayant besoin de vivres, se rendit à Annonay pour en demander aux consuls, qui consentirent à lui en fournir, à la condition que ses soldats n'entreraient pas dans la ville. Or, comme ces vivres n'étaient pas encore arrivés au camp le troisième jour, Virieu, Saint-Romain et Changy se rendirent à Annonay avec huit cents soldats et y séjournèrent huit jours, pendant lesquels ces derniers incendièrent le couvent et l'église des Cordeliers, abattirent celle de la paroisse, rompirent et fondirent les cloches. Les troupes, venant du Haut-Vivarais et du Velay, ayant ensuite fait leur jonction avec eux,

(1) Pour plus de détails sur le passage du Rhône par les soldats huguenots, voy. E. Arnaud, *Histoire des protestants du Dauphiné*, t. II, p. 229-233.

ils prirent tous ensemble la route d'Alais, formant un effectif de deux mille cinq cents fantassins. Arrivé à Alais, Saint-Romain, qui avait besoin de veiller aux intérêts de son parti dans le Languedoc, se démit entièrement de son commandement dans les mains de son oncle Virieu. Sur les deux cents Annonéens qui partirent, il n'en rentra que quatre-vingts dans leurs foyers à la fin de la guerre.

Nous n'avons pas à suivre la marche des troupes provençales, dauphinoises, vivaroises et velauniennes dans l'intérieur du royaume : leurs faits d'armes rentrent dans l'histoire générale des protestants de France ; disons seulement que, réunies aux soldats languedociens de D'Acier, elles firent leur jonction avec l'armée du prince Louis de Condé, à Aubeterre (Charente), le 1er novembre 1568. Décimées par le froid, les maladies et les désertions, elles furent battues, le 13 mars 1569, à Jarnac (Charente), où Condé périt assassiné de la main de Montesquiou. L'armée huguenote, ralliée par l'amiral Gaspard de Châtillon, comte de Coligny, se réunit, à Saint-Yrieix (Haute-Vienne), aux troupes allemandes, commandées par Wolfang de Bavière, duc de Deux-Ponts, qui venait à son secours (15 juin). Victorieuse à Roche-l'Abeille (Haute-Vienne), le 24 juin, elle fut battue à Montcontour (Vienne), le 3 octobre. S'étant refaite de ses pertes à Montauban pendant l'hiver de 1569 à 1570, elle se dirigea du côté du Rhône.

Pierregourde avait péri dès le commencement de la lutte, le 30 octobre 1568. Il était sous les ordres et dans la division de Mauvans, campé à Mensignac, à douze kilomètres de Périgueux et à une assez grande distance du corps principal de D'Acier établi à Saint-Astier. L'armée catholique ayant été repoussée dans l'attaque qu'elle tenta sur Mensignac, Mauvans se laissa attirer par elle dans la plaine, malgré l'avis contraire de D'Acier et de Pierregourde, fut enveloppé par sa nombreuse cavalerie et taillé en pièces. Il périt dans la mêlée ainsi que Pierregourde (1). Tous les deux furent vivement regrettés. Au dire de Brantôme, ce dernier « était un fort beau et honnête gentilhomme et de fort bonne grâce et fort vaillant. »

Revenons en Vivarais.

A Annonay, le 12 septembre 1568, à dix heures du soir, on apprit que Saint-Chamond, à la tête des compagnies de gens d'armes du sénéchal de Lyon, de Jacques d'Urfé, lieutenant général du roi et bailli du Forez, du chevalier d'Apchon, de beaucoup d'argoulets, commandés par Saint-Priest, et de quelques compagnies du Forez, commandées par les capitaines Le Blanc, Fourel et Clair-Imbert, s'approchaient avec l'intention de raser Annonay, parce qu'elle avait logé les troupes de Saint-Romain et de Virieu. Les principaux habitants de la ville, apprenant cela, se hâtèrent de la quitter, et se réfugièrent, les uns dans les villages voisins, les autres chez les gentilshommes de leur connaissance, d'autres dans les bois.

Saint-Chamond arriva le premier au château des pères célestins de Colombier-le-Cardinal et, lorsque ses troupes l'eurent rejoint, il entra à Annonay, logeant ses fantassins foréziens dans la ville, et sa cavalerie dans les villages environnants. Il ne fit, du reste, que paraître à Annonay, qu'il trouva ouvert et presque abandonné, et retourna le même jour au château des pères célestins (13 septembre). Après son départ, ses soldats se livrèrent aux plus grands excès. Pillage et saccagement des boutiques et des maisons, bris des portes, des fenêtres et des meubles, dilapidation et destruction des registres

---

(1) Pour plus de détails, voy. E. Arnaud, *Histoire des protestants de Provence, etc.*, t. I, p. 198.

du bailliage, viol des femmes et des filles, exactions de toute sorte, feu mis aux quatre coins de la ville, aucun excès ne fut épargné à la malheureuse cité.

Trois jours après (16 septembre), Saint-Chamond descendit à Tournon avec ses soldats, pour empêcher un parti huguenot de franchir le Rhône ; mais, étant arrivé trop tard, il revint à Annonay. Sur la route, ses gens pillèrent le château catholique de Chal, paroisse de Vanosc, appartenant au bailly Fleury de Jarnieu, et ils en auraient fait autant à celui de Mein, appartenant au catholique Imbert d'Augères, si le catholique Latour-Maubourg, du Velay, ne fût accouru de son château de Gerlande, près Vanosc, pour les arrêter.

Le 18 septembre, ils regagnèrent le Forez et le Velay, emportant 4,000 écus du produit de la vente du vin et des cuirs qu'ils avaient pris à Annonay. C'était le cinquième pillage dont la ville avait à souffrir. Après leur départ, les protestants rentrèrent sans défiance, quand, le 24 du même mois, ils virent entrer inopinément dans leurs murs les capitaines Le Blanc, Fourel et Clair-Imbert, envoyés par Saint-Chamond, par des chemins détournés, pour exercer sur eux de nouvelles violences. On les vit, en effet, arrêter des vieillards et des enfants, qu'ils ne relâchèrent que sous de fortes cautions, faire payer plusieurs fois à des propriétaires la faveur de préserver leurs maisons de l'incendie, brûler les pressoirs, cuves, tonneaux et meubles de toute sorte, combler les puits de la ville et lui imposer une contribution de 1,000 livres, menaçant de vendanger eux-mêmes les vignes des habitants et de vendre leur vin si elle n'était payée. Ils se contentèrent pourtant de 180 livres, et partirent au bout de trois jours. La conduite de Saint-Chamond était d'autant plus inexplicable, que la seigneurie d'Annonay appartenait au duc d'Anjou, Henri de France (plus tard Henri III), frère de Charles IX, mais son avarice n'avait d'égale que sa cruauté. Des Adrets, dont les auteurs catholiques flétrissent avec raison la férocité, n'avait pas cette opiniâtreté haineuse et dure, qui faisait le fond de la nature de Saint-Chamond, que, dans le parti catholique, on décorait du titre de saint (1)!

Les Annonéens eurent encore à souffrir de la garnison catholique de Boulieu, qui était commandée par le capitaine Claude du Faure, seigneur de Préaux, et qui commettait de grands dégâts aux alentours. Pour la payer, on prélevait 1,800 livres par mois sur la baronnie d'Annonay. Préaux, toutefois, fut obligé de partir au bout de onze mois, grâce à l'intervention du duc d'Anjou. Guillaume Itier de Ginestoux, sieur de La Tourette, commandant pour le roi dans le haut Vivarais, le remplaça par le capitaine La Garenne, avec une garnison de quarante hommes seulement. L'entretien de celle-ci coûtait encore 400 livres par mois, qui étaient prélevées à la fois sur Annonay, sur le pays et sur les biens des protestants fugitifs. Cinq semaines plus tard, les Etats du Vivarais se chargèrent, il est vrai, du payement de cette somme ; mais, en revanche, Annonay dut contribuer à l'entretien de la garnison de Tournon.

Quant à la garnison du château des pères célestins, composée de cent vingt fantassins et de soixante cavaliers, et commandée par François de la Barge, elle causa des dépenses si considérables aux religieux, que les Etats du Vivarais, réunis à Tournon en décembre 1568, votèrent une somme annuelle de 1,800 livres pour les soulager, à condition, toutefois, que les six paroisses les plus rapprochées contribueraient au payement de cette somme.

Coligny, ayant battu l'armée royale à Arnay-le-Duc

(1) Achille Gamon explique l'acharnement de Saint-Chamond contre Annonay par une haine invétérée qu'il nourrissait à son endroit ; mais il n'en dit pas la cause.

(Côte-d'Or), le 25 juin 1570, en marchant sur Paris, la reine mère effrayée se hâta de signer la paix avec les huguenots à La Charité (8 août). L'édit de pacification de Saint-Germain-en-Laye, qui suivit (15 août), permettait l'exercice de la religion réformée dans toutes les villes occupées par les religionnaires au 1er août, et l'autorisait encore dans le faubourg de deux villes par province. Pour le Languedoc, ces deux villes furent Aubenas et Montagnac (art. 8) (1).

* * *

Le massacre de la Saint-Barthélemy, qui eut de sanglants échos à Rouen, Orléans, Angers, Bourges, Lyon, Castres, Toulouse et Bordeaux, plongea les protestants du Vivarais dans la stupeur, comme ceux des autres provinces de France, et un grand nombre d'entre eux s'enfuirent à l'étranger. Pourtant, Damville avait préservé le Languedoc en général de la fureur sanguinaire des massacreurs royaux, et, dans le bas Vivarais, Louis de la Mothe-Chalendar, lieutenant général du bailliage, l'avait noblement secondé.

Les huguenots du Vivarais furent surtout frappés d'épouvante lorsqu'ils virent le Rhône charrier les cadavres des victimes de Lyon. Huit cents protestants de tout sexe y avaient été mis à mort et jetés dans le fleuve. Un très grand nombre de corps s'étant arrêtés sur les rives avoisinant la ville de Tournon, les habitants, pour se délivrer d'un si affreux spectacle, les repoussèrent dans le courant, de telle sorte que jusqu'à Avignon tous

---

(1) De Serres, *Comment. III. partis*, fol. 232, 303, etc. *Mém. histor. de la trois. guerre civile*, p. 229-235. La Popelinière, l. 15, fol. 70, 71 ; liv. 22, fol. 73 et 176. De Thou, t. I, p. 427, 428. D'Aubigné, t. I, col. 382. 455-458. *Hist. gén. de Languedoc*, t. IX, p. 46, 47, 56, 57, 64-66. Gamon, dans *d'Aubais*, p. 6, 7. Poncer, *Mém. histor. sur Annonay*, t. III, p. 54-66. Filhol, t. I, p. 414-424, 427, 428.

les riverains purent les contempler. Les protestants du Vivarais, au milieu de leurs angoisses, surent néanmoins pratiquer les devoirs de l'hospitalité, et les villes d'Aubenas, de Privas, de Mirabel et d'autres lieux recueillirent de nombreux fugitifs.

Au bout de quelques mois, quand les protestants reprirent conscience de leurs droits et de leur force, ils s'armèrent et se mirent en campagne dans les diverses provinces de France. Les catholiques firent de même.

A la Noël de la même année 1572, Damville, nommé lieutenant général pour le roi dans le Lyonnais, Dauphiné, Provence et Languedoc, et se rendant dans cette dernière province pour soutenir la guerre contre les huguenots, donna à Vienne le commandement du haut et bas Vivarais, à Nicolas du Peloux, seigneur de Gourdan et de La Motte, chevalier de l'ordre du roi. Sa commission fut publiée à Annonay en janvier 1573. Elle assurait la liberté de conscience aux protestants, pourvu qu'ils vécussent soumis et en paix. Ceux d'entre eux qui avaient eu des commandements dans l'armée protestante étaient seuls exceptés. Après cette publication, du Peloux, contrairement à la teneur de sa commission publique, mais obéissant à des ordres secrets, déclara que le roi voulait qu'il n'y eût qu'une seule religion en France et que tous ses sujets allassent à la messe. Il donna en même temps l'ordre aux curés de tenir un registre de tous ceux qui feraient leur devoir. Encore remplis de l'effroyable souvenir du massacre de la Saint-Barthélemy, la plupart des protestants d'Annonay et des environs allèrent à la messe. Poncer et Filhol affirment que, sur six ou sept cents habitants de cette religion que comptait alors la ville, vingt tout au plus n'obéirent pas à l'ordre de du Peloux.

A part cette grave atteinte portée aux droits sacrés de la conscience, du Peloux gouverna le haut et bas Vivarais avec prudence et modération. Et, comme les protestants occupaient le Cheylard, Desaignes et Bosas, depuis plusieurs mois, il répara les brèches des murailles d'Annonay, fortifia le château, mit une garnison dans celui de Quintenas, et nomma son frère, Charles du Peloux, seigneur des Colaux, gouverneur de Chalancon. Peu après, les protestants attaquèrent cette place, et étant sur le point de s'en emparer, car ils occupaient déjà son faubourg, il rassembla à la hâte quelques soldats, auxquels se joignirent des catholiques d'Annonay, livra bataille aux troupes de secours qui venaient seconder les efforts des assiégeants, et les contraignit à se retirer en désordre et avec perte.

En juillet 1573, le roi conclut, à la Rochelle, avec le parti huguenot, une paix, suivie de l'édit de Boulogne du même mois, qui accordait le droit d'exercice de la religion réformée aux seules villes de Nimes, Montauban et La Rochelle, et aux seigneurs haut justiciers.

A la suite de cet édit, Damville ne put signer qu'une trêve de quinze jours (3 août) avec les protestants mécontents du Languedoc, de la Provence et du Dauphiné. Ceux mêmes de la première province, peu rassurés sur les intentions du roi, s'assemblèront à Milhau, en Rouergue, et partagèrent le Languedoc en deux gouvernements. L'un d'eux, formé du Vivarais, des Cévennes, du Rouergue et du bas Languedoc, fut confié au commandement de Saint-Romain qui avait échappé aux massacres de la Saint-Barthélemy, à Paris, et s'était réfugié en Suisse, puis en Allemagne. Il hésita plusieurs mois à accepter un honneur si périlleux, mais il finit par céder aux sollicitations de ses coreligionnaires, qui lui députèrent Adrien Chamier, pasteur à Nîmes. Il se rendit dans le Languedoc en passant par Privas et Aubenas, et était à Nîmes le 28 décembre 1573. Chaque province eut des gouverneurs particuliers, Pierregourde commanda dans le haut Vivarais, et Charles de Barjac, sieur de Rochegude, dans le bas Vivarais.

Cependant, la trêve conclue le 3 août fut prorogée, le 24 août, jusqu'au 1er octobre. Le 20 octobre, elle le fut jusqu'au 15 novembre, et, le 29 novembre, jusqu'au 15 février de l'année suivante. Mais ces trêves, pas plus que l'édit de pacification, n'avaient arrêté les hostilités en Vivarais. Ainsi, un certain Erard, qui avait quitté la basoche à Nîmes, se mit à la tête de quatre-vingts hommes et, guidé par un huguenot d'Annonay, se jeta dans les tours d'Oriol, près Ardoix, qu'il fit réparer. De là il fit supporter aux villages environnants toutes sortes de contributions et d'exactions. Des Colaux, envoyé par son frère du Peloux pour le déloger de sa forteresse, ne put y réussir parce qu'il n'avait point de canons. Il fut même grièvement blessé à la cuisse d'un coup d'arquebuse en passant devant le château de Munas, non loin de Quintenas, et en fut boîteux toute sa vie. Erard, toutefois, en voulant tenter une sortie, fut fait prisonnier, et conduit à Annonay, où il se libéra moyennant une rançon de 300 écus. C'était un homme cruel, qui essayait sur ses prisonniers combien de temps un homme peut supporter la faim sans mourir.

En novembre 1573, les capitaines huguenots Roy et Alexandre de Tremolet, seigneur de Craux, pillèrent les châteaux de Munas, Manoha et Lotoire, qui étaient situés dans les environs de Quintenas et dans lesquels les habitants des villages voisins, effrayés par les excès d'Erard, avaient déposé leurs meubles les plus précieux.

Vers le même temps, un bandit, nommé Rambaut, de l'acabit d'Erard, commit toutes sortes de brigandages dans le même quartier. Blessé aux environs de Satillieu, il voulut se faire porter à Annonay pour qu'on le soignât, mais il expira en route, au pont de Lignon, près Brogieux, paroisse de Roiffieux.

Le 28 novembre, les protestants du bas Vivarais pillèrent Baix-sur-le-Rhône, mais sans pouvoir s'emparer de ses deux citadelles.

Au mois de décembre, Pierregourde conclut une trêve avec Du Peloux au château de Brogieux. Il fut convenu entre eux que les garnisons des châteaux d'Oriol, Munas, Manoha et Lotoire les évacueraient; que Boffres serait ouvert aux gens des deux religions, et Quintenas et quelques autres châteaux rendus à leurs propriétaires; que les soldats protestants abandonneraient toutes les places du haut Vivarais, à l'exception de Desaignes, et déposeraient les armes. En suite de ce traité, Du Peloux fit démolir les tours d'Oriol et le château de Revirand, mais, à la demande de Claude de La Tour-Turenne, dame de Tournon, et du seigneur Anne de Haut-Villard, il laissa intactes les murailles de Chalancon.

Annonay, grâce à cette trêve, jouit de treize mois de tranquillité; mais Du Peloux, laissé sans argent par les états du Languedoc, donna sa démission de gouverneur du haut Vivarais. Les habitants d'Annonay le remplacèrent, pour ce qui regardait leur ville, par André des Gurins, sieur de Matré, et les sectateurs des deux religions convinrent de vivre en paix et de se protéger mutuellement.

En mars 1574, les hostilités recommencèrent dans le haut Vivarais. Jean de Fay, baron de Peyraud (1), qui avait fait une abjuration après le massacre de la Saint-Barthélemy et qui craignait Du Peloux, profita de sa démission pour prendre les armes et se ranger sous les drapeaux de Pierregourde (2). Se mettant à la tête des

(1) Probablement le fils de François, qui paraît être mort dans l'ouest de la France, en 1568.

(2) Il se fit de nouveau catholique en 1595, et obtint l'office de sénéchal de Beaucaire et le gouvernement de la Bresse.

soldats congédiés par Du Peloux et de cinquante hommes, tirés d'Annonay et du château de Bosas, il établit une garnison dans ses deux châteaux de Peyraud, s'empara de celui de La Barge et des places d'Andance et de Serrières. Il brûla cinquante-sept maisons dans cette dernière. Il fit ensuite arrêter des bateaux qui avaient déjà payé le péage au Pouzin et qui portaient plus de cent mille livres de marchandises et, se rendant sur la rive gauche du Rhône, il se saisit de Sablons.

Des habitants catholiques de Préaux et de Saint-Jeure-d'Ay, deux places voisines l'une de l'autre, avaient décidé de se protéger mutuellement ; mais une compagnie de protestants, de la garnison de Bosas, commandée par le capitaine Clavel, se saisit de Préaux et pilla l'église, où les habitants avaient entreposé leurs meubles les plus précieux. Quant aux habitants de Saint-Jeure, qui s'étaient réfugiés dans leur église, ils capitulèrent, mais furent tués ou blessés au nombre de vingt-deux ou de vingt-quatre. Les assaillants pillèrent également leurs effets (15 mars 1574).

Le chevalier d'Apchon, dont le château de Luppé était situé non loin de Peyraud, ayant voulu sortir pour reconnaître cette dernière place, fut fait prisonnier, puis tué, le 31 mars 1574, par un de ses propres vassaux, qu'il avait maltraité autrefois. Sa mort laissa peu de regrets, car sa dureté l'avait généralement fait haïr des deux partis.

Le 6 avril 1574, Malleval-en-Forez fut pris par les soldats de Peyraud, commandés par les capitaines Le Bascou et Chatînais, à la faveur d'une grande pluie. Ils brûlèrent quelques maisons, mirent une garnison dans la place et s'y fortifièrent. Ils s'emparèrent ensuite du prieuré de Charnas et du château de La Mure, près Peaugres, y mirent également des garnisons et se livrèrent à toutes sortes de violences et de déprédations.

Quelques jours après, (12 avril), Pierregourde, qui

s'était emparé de Bosas et d'Etables, prit le château de Quintenas par composition et y mit une garnison. De là, il se rendit à Annonay et somma les habitants d'exercer ouvertement la religion réformée et d'achever d'abattre la grande église de la place vieille, mais ayant appris que les habitants des deux religions, dans la crainte d'une nouvelle guerre, avaient décidé de vivre unis et de se protéger mutuellement, il n'insista point et passa outre.

Claude d'Urfé, baron d'Entraigues, gouverneur du Forez, et Saint-Chamond, irrités de ce que Peyraud s'était saisi de Malleval, qui ressortissait à leur province, levèrent des troupes pour reprendre cette place et assiégèrent en même temps Serrières et le château de Peyraud. Ne voulant pas, d'autre part, laisser des ennemis sur leurs derrières, ils sommèrent les Annonéens de recevoir une garnison. Ceux-ci répondirent qu'ils se garderaient eux-mêmes sous l'obéissance du roi et ne recevraient dans leurs murs aucun de ses ennemis, quel qu'il fût ; et, comme garantie de leur bonne foi, ils donnèrent pour otages, selon la convention arrêtée entre les deux partis à Saint-Julien-Molin-Molette en Forez, le 25 avril, deux de leurs compatriotes appartenant à des familles considérables.

Quand les protestants qui occupaient les châteaux de La Mure et de Charnas, eurent appris que d'Urfé et Saint-Chamond se dirigeaient sur Serrières, ils quittèrent ces lieux après les avoir saccagés. Peyraud abandonna pareillement ses deux châteaux, et se réfugia avec ses gens à Quintenas et à Bosas. Les deux châteaux furent battus par le canon de d'Urfé et de Saint-Chamond, pris le même jour (3 mai), et leurs fortifications rasées. Les canonniers de Lyon, qui avaient prêté leur concours aux deux capitaines catholiques, emportèrent comme butin les meules du moulin de Peyraud.

Quant aux protestants, qui occupaient le château de

La Barge, ils l'évacuèrent et se réfugièrent à Serrières, qu'ils abandonnèrent ensuite de nuit. Il firent de même à Malleval.

Quintenas fut sommé de se rendre, mais sans être attaqué. Le capitaine Cellier, qui y commandait sous l'autorité de Pierregourde, devenu suspect, fut remplacé par Peyraud, qui essaya de conclure un traité offensif et défensif avec les Annonéens, mais sans y parvenir.

Saint-Chamond, de son côté, sollicita les habitants d'Annonay, de Boulieu et de Quintenas, de recevoir des garnisons catholiques, mais ils s'y refusèrent. Les premiers, toutefois, furent fort alarmés quand ils apprirent que Catherine de Médicis, après la mort de Charles IX, survenue le 30 mai 1574, avait donné à Saint-Chamond le gouvernement du Vivarais.

A cette nouvelle, Saint-Romain accourt de Nimes, avec un corps de troupes considérable, occupe le château de Bosas et demande à Annonay cinq ou six personnages marquants pour conférer avec lui. Ceux-ci lui députent leur gouverneur Matré et quelques habitants des deux religions, pour le prier de ne rien tenter contre la ville ; mais pendant la conférence deux ou trois de ses compagnies, commandées par les capitaines Clavel, Le Bouchet, Cussonel et le Bascou, se logent dans les faubourgs de Cance et de Déome et entrent dans la ville, dont les portes leur sont ouvertes par intelligence, « ce qui effraya extrêmement la ville, » dit Gamon, « qui se vit replongée dans les mêmes malheurs qu'elle avait voulu éviter et qu'elle n'avait que trop éprouvés auparavant. »

Saint-Romain entre à son tour, le 17 juillet, avec trois ou quatre cents chevaux et cinq compagnies de gens de pied. Le lendemain, il fit accompagner à Boulieu et aux châteaux de Gourdan et de Mein les catholiques qui désirèrent se retirer, ne violenta aucun de ceux qui demeurèrent, prêtres ou autres, ne leva aucune contribution pour le payement de ses soldats, et empêcha, autant qu'il le put, ces derniers de commettre aucun excès. Il avait pour secrétaire Claude Gentil, procureur de la cour des aides de Montpellier, qui se lia d'amitié avec le chroniqueur Achille Gamon, et à qui il adressa, avant son départ d'Annonay, une élégie sur le malheur des temps (1).

La garnison de Quintenas se retira à Annonay, mais, avant de partir, elle brûla le magnifique château des archevêques de Vienne et l'église en partie.

Pendant ce temps, Pierregourde s'empara de Chalancon à discrétion et, traitant avec Saint-Chamond et Saint-Vidal, qui marchaient au secours de la place, il consentit à ce qu'elle fût démantelée, ainsi que les châteaux de Bosas et d'Etables. Les protestants, qui avaient dû quitter Chalancon, purent y rentrer en toute liberté.

Au milieu d'août, Saint-Romain retourna à Nîmes et laissa à Annonay trois compagnies de gens de pied, entretenus aux frais de la ville, et, comme gouverneur, Antoine de Veisserie, sieur de Meausse, en Quercy, qui était boiteux et avait la réputation d'un administrateur sévère de la justice et d'un grand politique. Meausse fortifia la ville, en apprenant que la reine mère arrivait à Lyon avec une armée et sur le bruit qu'elle voulait réduire Annonay à son obéissance. Le 5 septembre, il fit démolir toutes les maisons de Cance et de Bourgville et incendia celles de Déome, de la Valette et de Savel, cent quarante maisons en tout. Ce fut une perte de 60000 livres pour leurs propriétaires. Les couvents des environs de la ville furent également ruinés, et le clocher et le chœur de l'église paroissiale d'Annonay abattus. Achille Gamon, effrayé autant qu'affligé de tous

(1) On la trouvera dans Filhol, t. I, p. 657.

ces maux, quitta la ville et n'y entra qu'un an et demi après, le 5 septembre 1576 (1).

* * *

Henri III, en revenant de Pologne pour succéder à son frère Charles IX, mort le 30 mai 1574, tint, le 6 septembre, à Lyon, un grand conseil de guerre, où il fut résolu qu'on recommencerait la lutte avec les huguenots. Les deux partis en vinrent donc de nouveau aux mains, dans le haut et le bas Vivarais.

Nicolas Du Peloux et Charles des Coulaux, son frère, sollicités par le capitaine Pierre Pinet, qui avait dû s'enfuir d'Annonay pour un crime d'assassinat commis sur la personne de Guillaume de Grabias, sieur de Reuillan, gentilhomme de la suite de Saint-Romain, tentèrent de s'emparer par intelligence d'Annonay et de son château. Ils devaient s'introduire dans la ville par les fenêtres basses de l'auberge du Chapeau-Rouge, qui donnait sur la rivière de Déome. Pinet entra secrètement à Annonay pour donner suite à son projet, mais celui-ci parut d'une exécution si difficile qu'il fut abandonné.

On en conçut un autre. Un soldat forézien de la garnison de la ville, nommé Lagarde, se chargea de se saisir du château avec douze soldats, d'en égorger la garnison et de le livrer aux catholiques, qui se tiendraient en embuscade en dehors des murs. Les conjurés en écrivirent au capitaine Pinet qui, voyant une bonne oc-

---

(1) De Serres, *Comment. IIII. partis*, fol. 73-75, 91, 92, 133, 135; *V. partis*, fol. 10; *Mémoires de l'Estat de France*, t. II, p. 16, 17, 135, 136. La Popelinière, l. 31, fol. 107; *Recueil des choses mémorables*, p. 486, 512. De Thou, t. IV, p. 666, 749, 750; t. V, p. 66. D'Aubigné, t. II. *Hist. gén. de Languedoc*, t. IX, p. 77, 83, 84, 92, 99, 100. Gamon, dans *d'Aubais*, p. 8-13, et *Livre-journal ou de raison*, année 1574. Poncer, *Mém. histor. sur Annonay*, t. II, p. 66-91, et *Mém. histor. sur le Vivarais*, t. III, p. 401, 402, 409, 415. Filhol, t. I, p. 432-441, 450-458.

casion de se faire pardonner son crime, montra la lettre qu'il avait reçue au gouverneur d'Annonay, Meausse, qui lui promit sa grâce. Lagarde fut arquebusé, ainsi que le capitaine Châtinais, qui commandait à Pignieu et s'apprêtait, à l'instar de Lagarde, à trahir ses coreligionnaires (14 septembre).

La garnison du château des pères célestins de Colombier-le-Cardinal assiégea, un mois après, la place de Pignieu, où Meausse avait mis quelques soldats pour assurer les vendanges, s'en saisit après quelque résistance et l'incendia (17 octobre).

Sur ces entrefaites Saint-Chamond fut nommé par Henri III commandant du haut et bas Vivarais et lui promit des soldats pour faire le siège d'Annonay. Sans désemparer, le nouveau gouverneur se rendit au château des pères célestins à la tête des compagnies de gens d'armes de François de Mandelot, seigneur de Pacy, gouverneur de Lyon, de Pierre de Rostaing, seigneur de Fauchette, et de La Barge, et de dix ou douze enseignes d'infanterie, et somma Annonay de se rendre au roi (22 octobre). Meausse répondit qu'il n'avait ni Anglais ni Espagnol dans la place, mais seulement des Français, qui voulaient la conserver à son souverain légitime, et que si Saint-Chamond était décidé à l'assiéger, il disposait d'autant de forces pour la défendre que lui pour l'attaquer. Sur cette réponse le gouverneur catholique, en attendant l'arrivée de l'artillerie, établit ses soldats à Quintenas et à Boulieu, retourna aux pères célestins, puis se rendit à Serrières, où il vit le roi, qui descendait à Avignon et qui, lui ayant refusé le secours d'hommes qu'il lui avait d'abord promis, lui ordonna de descendre avec ses soldats à Tournon, où il ne fit rien.

Quelques jours auparavant, Jean de Fay, sieur de Virieu, ancien colonel de l'armée huguenote, qui avait opéré dans l'ouest de la France en 1568, et qui, après avoir échappé heureusement au massacre de la Saint-Barthélemy, s'était converti au catholicisme, engagea les Annonéens à conférer avec lui au nom du roi ; mais Gabriel de Fay, sieur de Gerlande, et Harenc de la Condamine, qu'il avait demandés pour otages, n'ayant point consenti à en jouer le rôle, la conférence ne put avoir lieu.

Un peu plus tard, sous les auspices d'Imbert d'Augères, sieur du Mein, des pourparlers de paix eurent lieu au château de ce nom entre les deux partis, mais Meausse, froissé des propositions peu avantageuses qui lui furent faites, renvoya les otages qu'on lui avait donnés, et la conférence n'eut pas de suite (fin novembre).

Du Mein ne se laissa pas décourager par ce premier échec. Il se rendit deux fois à Annonay et parvint à faire conclure une trêve, le 6 décembre, entre Meausse et Saint-Chamond aux conditions suivantes :

1° Meausse restera gouverneur d'Annonay avec cent cinquante hommes de garde, entretenus aux frais des villages voisins ;

2° Toutes courses et hostilités cesseront de part et d'autre ;

3° Aucune entreprise ne sera tentée contre Annonay ;

4° Les fugitifs pourront y rentrer et jouir de leurs biens ;

5° Aucun étranger, sauf les marchands, n'y sera introduit sans la permission du gouverneur ;

6° Les habitants des campagnes cesseront d'être inquiétés dans leurs travaux ;

7° La trêve durera jusqu'au 1er mai suivant sous le bon plaisir du roi, de Damville et de Saint-Romain ;

8° En cas de refus du roi d'accepter la trêve, les Annonéens en seront informés trois semaines d'avance.

Saint-Romain souscrivit aisément à ces conditions, parce qu'il était sans vivres, et que ses soldats étaient fatigués ou malades. Il en avait même perdu soixante dans une rencontre, et la désertion se mettait dans leurs rangs. Le roi refusa, il est vrai, d'accepter la trêve, mais elle n'en fut pas moins exécutée en partie.

Les compagnies de Mandelot, de Rostaing et de La Barge quittèrent Quintenas et les environs (8 décembre) ; celle du sieur Philibert de La Guiche sortit de Boulieu, et toutes ensemble prirent la route du Forez et du Lyonnais. Elles ravagèrent tous les villages environnants jusqu'au Doux, et réduisirent les habitants à se sauver dans les villes ou dans les bois. La maison Astier, près Quintenas, fut brûlée ; la tour de Munas rasée ; tout le bétail pris et vendu pour 500 écus ; les meubles et les denrées cédés à vil prix ou détruits.

Le dimanche, 23 janvier 1575, Rochegude, commandant du Vivarais en l'absence de Damville, qui tenait à ce moment le parti des huguenots, craignant quelque nouvelle entreprise contre Annonay, s'y rendit avec six à sept cents hommes de pied et deux cents chevaux. Par suite de l'alliance de Damville avec les protestants, cette troupe renfermait beaucoup de catholiques gascons et provençaux qui, tout comme les huguenots, dévalisaient les églises et massacraient les prêtres. Ces soldats, auxquels se joignirent plusieurs Annonéens, « se rendirent, » dit Poncer, « dans la commune de Vanosc. Ils brûlèrent l'église de ce lieu, rompirent la petite cloche et conduisirent les autres au château de Gerlande, n'ayant pu les rompre. Thomas de Cluzel, prêtre de cette paroisse, fut fait prisonnier dans l'église. Il fut obligé, pour obtenir sa liberté, de payer à titre de rançon 11 éculs sols, valant 36 livres... Dans cette affaire vingt-cinq personnes furent tuées, tant par les troupes de Rochegude que par les gens d'armes de Mandelot, gouverneur de Lyon, qui étaient en garnison à Bourg-Argental et par la compagnie du capitaine L'Hôpital. »

La troupe de Rochegude pilla et brûla encore Vocance, Maumeyre, Ville, le Claux, Poulhas, Canson, Plas, Vertros, Peynas, Mézerieu, Préaux, Bourgaud, Chambon, Riboulon, et autres villages, hameaux ou châteaux. Rochegude commanda ou laissa faire ces ravages, soit parce que la ville d'Annonay avait beaucoup souffert de la part de ces divers lieux pendant les guerres précédentes, soit pour punir leurs habitants de ce qu'ils n'avaient pas voulu contribuer à l'entretien de la garnison protestante d'Annonay, tandis qu'ils avaient accueilli avec empressement les troupes de Saint-Chamond.

En février, la garnison catholique de Boulieu, commandée par des Colaux, conclut, grâce aux bons offices de du Peloux, une trêve avec celle d'Annonay, parce que les terres restaient sans culture et que les communications avec le Forez et le Bourbonnais étaient interrompues.

Quelques jours plus tard (13 février) (1), les protestants d'Annonay surprirent Andance sur le Rhône à onze heures du soir, la nuit du dimanche gras, sur le capitaine Carailh, que Saint-Chamond y avait établi comme gouverneur. La plupart des habitants, qui ne s'attendaient à rien, furent massacrés dans leurs lits. Le lendemain, Meausse se rendit dans la place avec un corps de troupes plus considérable, mit la ville au pillage, brûla ses faubourgs et la fit fortifier du côté du Rhône, en remplissant de terre et de fascines le rez-de-chaussée des maisons.

Une autre troupe d'Annonéens s'empara de nuit de la maison de La Rivoire, près du Bourg-Argental en Forez, et y mit une garnison sous les ordres du capitaine Pinet, dont il a été parlé plus haut (page 477). Elle

---

(1) Chorier, *Hist. de Dauphiné* (p. 667), dit après le 15 février.

appartenait à Marguerite de Gaste, dame de Luppé, veuve de Jean d'Apchon, seigneur de Montrond (20 février).

Mandelot et Saint-Chamond, apprenant la prise de ces deux places, levèrent des troupes pour les reprendre. La Rivoire fut attaquée le 5 mars, et ses habitants se sauvèrent de nuit à Annonay.

Le 8 mars, Gordes, gouverneur du Dauphiné, ayant posté, par précaution, sur l'avis des deux capitaines catholiques, quelques troupes sur la rive gauche du Rhône, près Andancette, la batterie contre Andance commença le 10 mars. Beaucoup d'habitants, leur gouverneur et la plupart des cent vingt soldats qui formaient la garnison, se réfugièrent à Annonay par Saint-Désirat. Meausse, au contraire, qui y était encore, ne croyant pas qu'il fût de son honneur et de son devoir de quitter la place, refusa de suivre l'avis du reste des soldats de la garnison, au nombre de soixante, qui, sur les neuf heures du soir, vinrent l'engager à partir. Réfugié dans la tour du Prieuré avec quatre ou cinq hommes, qui lui restèrent fidèles, il fut fait prisonnier, le lendemain, 11 mars, et emmené prisonnier à Lyon, puis à Vincennes, où Catherine de Médicis l'aurait fait décapiter sans l'entremise des gentilshommes huguenots, qui négociaient la trêve signée à Chantilly le 22 novembre suivant. Les habitants d'Andance, demeurés dans leurs maisons, furent passés au fil de l'épée, et la ville pillée et brûlée. Les vainqueurs y laissèrent une garnison, de même qu'à La Rivoire.

Ils s'approchèrent ensuite d'Annonay et lui offrirent, si elle voulait recevoir une garnison catholique, le libre exercice de la religion protestante et l'oubli du passé. Mais, ayant reçu à ce moment un secours de deux compagnies de soldats, les Annonéens, qui avaient de fortes raisons de se méfier de la parole de Saint-Chamond, répondirent qu'ils ne pouvaient rien décider sans l'avis de Damville et consentirent seulement à recevoir du Peloux comme bailli et comme gouverneur. Mandelot et Saint-Chamond, se voyant éconduits, se retirèrent à Boulieu le 13 mars et, peu après, cherchèrent une nouvelle fois à occuper Annonay en le menaçant d'un siège; mais ils échouèrent encore dans leur dessein parce qu'ils n'avaient pas un nombre suffisant de soldats pour appuyer leurs menaces. Ils quittèrent donc le pays en laissant une garnison à Boulieu pour empêcher les Annonéens de faire des sorties.

Peu de jours après, Rochegude se rendit à Annonay et conclut une trêve avec la garnison de Boulieu pour la sûreté des laboureurs et du bétail.

Cette trêve était à peine signée que la compagnie de gens d'armes de La Barge, commandée par La Baume, s'approcha d'Annonay pour provoquer une sortie de la garnison (19 mars). La rencontre de celle-ci avec la troupe catholique eut lieu à La Prat, sous la montagne de Montmiadon. Elle fut vive, et les gens d'armes de La Barge auraient été battus si quarante arquebusiers et cinquante soldats de la garnison de Boulieu, qui violèrent la trêve, n'étaient survenus. Beaucoup d'hommes périrent de part et d'autre. Rochegude, voulant rallier ses soldats après l'arrivée du secours de Boulieu, fut blessé d'un coup de pistolet, tiré par mégarde par l'un des siens (1), et transporté à Annonay, où il mourut le lendemain, dimanche, 20 mars, en même temps que son neveu De Barjac (2), blessé au siège d'Andance. On leur fit de belles funérailles. Rochegude fut regretté des deux partis. Il était juste et humain pour tout le monde et avait le caractère noble et grand. C'était, de plus, un

(1) De Serres dit que Rochegude fut renversé de son cheval et mortellement blessé par cette chute.

(2) Peut-être Christophe de Barjac, seigneur de Gasques.

homme de guerre expérimenté. Le parti protestant fit une grande perte en sa personne.

Dans le même mois de mars 1575, le capitaine huguenot Clavel, qui commandait la place de Bosas, se saisit de Saint-Jeure-d'Ay. Les habitants, qui s'étaient réfugiés dans l'église, tirèrent sur sa troupe un coup d'arquebuse et lui tuèrent un sergent. Enflammé de colère, il force l'église, passe au fil de l'épée vingt-cinq à trente habitants, pille l'édifice et le brûle (1).

Le mois suivant, en avril, Saint-Chamond, qui n'avait subi que des échecs depuis sa nomination au poste de gouverneur du Vivarais et qui était ulcéré de ce que Henri III lui avait refusé des troupes pour faire le siège d'Annonay après les lui avoir promises, donna sa démission et fut de nouveau remplacé par La Barge. Ce dernier voulut dès l'abord se saisir d'Annonay. Dans ce but il se rend au château des pères célestins, puis en juin à Boulieu, avec ses gens d'armes et quelques compagnies d'infanterie, qu'il comptait voir bientôt renforcées par des soldats, que devait lui envoyer Mandelot, occupé à cette heure à lever des troupes. « La Barge, pour couper tout commerce avec Annonay, » dit Gamon, « et empêcher les récoltes de blé, fait défendre de fréquenter les habitants de cette ville, de leur porter aucune sorte de marchandise, de recueillir leurs blés, et de leur fournir aucun secours sous peine de vie. » Cette ordonnance, qui n'était peut-être qu'une menace, ne fut heureusement suivie d'aucun effet, car les Annonéens firent leur moisson sans être troublés en rien par La Barge qui, ne pouvant faire le siège en règle de leur ville, chercha à s'en emparer par ruse.

Il gagna à prix d'argent Pontus, gouverneur du châ-

(1) Ce capitaine, accusé de fausse monnaie en 1599, fut arrêté par le prévôt des Etats du Vivarais et enfermé au château d'Annonay.

teau d'Annonay, qui devait laisser escalader ce dernier par ses soldats. Un paysan, envoyé par La Barge, serait mis en sentinelle au château du côté de la porte de Bourgville la veille du jour de l'entreprise, et introduirait les troupes catholiques dans la forteresse. La Barge rassemble donc de nuit dans la plaine de Vissanty tous ses soldats, renforcés de la compagnie de gens d'armes de Mandelot et, le 31 juillet, au point du jour, un de ses capitaines, nommé Saint-Luc, fait dresser des échelles par ses soldats à l'endroit convenu, où se tiennent Pontus, ses affidés et le paysan ; mais, au moment de monter sur leurs échelles, ils reçoivent une décharge de soixante à quatre-vingts coups d'arquebuse et sont obligés de se retirer, ainsi que La Barge qui, couvert de confusion, « menace, » dit Gamon, « de massacrer, de violer, de piller et de brûler la ville, mais avec honte et confusion d'avoir manqué son coup. » Le paysan, qui lui avait servi d'espion et de sentinelle, fut arquebusé.

Pour se venger de cette entreprise, les Annonéens s'emparèrent du prieuré de Rochepaule. La garnison de Boulieu, s'y étant portée aussitôt (6 septembre), les Annonéens en profitèrent pour incendier le faubourg de cette place, où étaient logées deux compagnies de soldats catholiques, dont la plupart étaient partis pour Rochepaule. Soixante maisons furent brûlées. La Barge assistait à ce moment, à Pradelles, à l'assemblée des états du Vivarais et leur demandait de l'argent pour continuer la guerre. Irrité de ce qui venait de se passer, il écrivit à Des Colaux et à de La Baume, qui commandaient la garnison de Boulieu, d'empêcher, par tous les moyens, les Annonéens de vendanger leurs vignes, mais ils n'y réussirent qu'imparfaitement.

A la cour, les affaires avaient pris une mauvaise tournure pour la reine mère depuis que la haine opiniâtre de Henri III contre son frère François de France, duc d'Alençon, dit Monsieur, avait déterminé ce dernier à se mettre à la tête des politiques. Il se sauva de la cour le 15 septembre 1575 et, ayant fait sa jonction avec le prince Henri de Condé, il remporta avec lui divers avantages sur les troupes royales en Champagne et en Bourgogne, pendant que le politique Damville en Languedoc et le protestant François de la Noue en Saintonge étaient également victorieux. Effrayée de ces succès, Catherine signa avec le duc d'Alençon, à Chantilly, une trêve qui devait durer du 22 novembre 1575 au 25 septembre de l'année suivante. Sur ces entrefaites, le roi Henri de Navare (devenu plus tard Henry IV), s'étant également enfui de la cour, Catherine, acculée, n'attendit pas la fin de la trêve et conclut à Chastenay, le 6 Mai 1576, la paix, dite de Monsieur, avec le duc d'Alençon, les politiques et les protestants. L'édit de pacification de Beaulieu (ou de Loches), qui suivit, accorda aux réformés l'exercice libre, public et général de leur religion dans toutes les villes et places du royaume qu'ils possédaient, et généralement dans tous les lieux où ils jouissaient déjà de cet exercice.

En Vivarais, les protestants étaient maîtres d'un grand nombre de places importantes, notamment de Vallon, Villeneuve-de-Berg, Aubenas, Privas, Le Pouzin, Baix, Le Cheylard, La Mastre, Annonay, etc., et continuèrent à y célébrer leur culte comme par le passé.

Dans cette dernière ville, l'édit de pacification fut publié le 12 juin 1576 « en l'auditoire du sergent royal. » Just Louis Ier de Tournon l'avait fait déjà publié à Boulieu, et on le publia de nouveau le 21 juin dans tout le bailliage d'Annonay. A cette occasion, il y eut de grandes réjouissances dans la ville et l'on abattit toutes les fortifications qui y avaient été élevées dans la dernière guerre pour se prémunir contre les attaques et les insultes des catholiques. Les portes furent ouvertes jour et nuit, le commerce redevint prospère, ainsi que l'agriculture. Les protestants construisirent un temple rue des Parpailloux, et y tinrent leurs assemblées, sauf sous la Ligue, jusqu'à la révocation de l'édit de Nantes. L'emplacement leur fut vendu par André Chomel de Varagne, et l'acte passé au nom d'Achille Gamon et autres protestants, mais, en 1576, il devint la propriété de la communauté entière. (1)

*
* *

Les Etats de Blois, assemblés le 6 décembre 1576, ayant décidé, sous l'inspiration des Guises, qu'il n'y aurait plus qu'une seule religion en France et le roi s'étant mis, d'autre part, à la tête de la redoutable association de la Ligue, destinée à étouffer la Réforme, à supplanter les princes du sang et à dominer la cour, la guerre recommença.

Le capitaine Bouchet et quelques autres huguenots militants d'Annonay s'emparèrent de Lotoire et de la maison forte de Pierregrosse, près Saint-Alban-d'Ay, et s'y fortifièrent. D'autre part, Du Peloux fut nommé, en février 1577, gouverneur d'Annonay à la place de Meausse par Damville, qui abandonnait derechef le parti huguenot. Dans la commission royale que le nouveau gouverneur reçut, Henri III lui recommanda de faire faire aux huguenots leur soumision et, le 10 juin,

(1) De Serres, *V. partis Commentar.*, fol. 29, 32, 33, 61-63, 103, 104, 167-173. *Recueil des choses mémorables*, p. 527, 544, 545, 565. De Thou, t. V, p. 120, 121, 305-307. D'Aubigné, t. II, fol. 705. *Histoire générale de Languedoc*, t. IX, p. 102, 118, 123, 124. Gamon, dans *d'Aubais*, p. 13-20. Poncer, *Mém. histor. sur Annonay*, t. II, p. 90-121. Idem, *Mém. histor. sur le Vivarais*, t. III, p. 415, 416; 418-422; 648-656, 429-431; 456-464. Filhol, t. I, p. 459-483, 486, 487. Pérussis, dans *d'Aubais*, p. 168, 174, 186. Eustache Piémond, p. 28. Gamon, *Livre de journal ou de raison* (manuscr.). Dame Chomel, *Annales*, etc. (manusc.). Chorier, *Hist. gén. de Dauph.*, p. 662, 663, 607.

ayant appris que plusieurs d'entre eux l'avait déjà faite, il lui donna l'ordre de la leur faire rédiger par écrit. Informé ensuite qu'un certain nombre d'entre eux étaient rentrés dans leur maison, probablement pour « se remonter d'argent et de chevaux, » il lui enjoignit de les faire mettre en prison et de lui envoyer incontinent leurs noms et domiciles.

Muni de sa commission, Du Peloux se mit en devoir de déloger Bouchet de ses positions. Il fait sur le champ une provision de poudre et prie Mandelot, gouverneur de Lyon, de lui envoyer de l'artillerie. A l'approche du canon, Bouchet abandonne Lotoire et s'enferme dans Pierregrosse, mais, après trois jours de siége, le capitaine huguenot, voyant que ses soldats s'apprêtaient à mettre bas les armes, s'enfuit à cheval et est tué. Du Peloux, pénétrant dans le château, passa tous les soldats au fil de l'épée. Il délogea aussi les huguenots du château de Bosas et avait demandé, dans ce but, le 27 mai, des secours aux consuls de Tournon, qui lui envoyèrent 216 hommes et des munitions de guerre et de bouche.

Cette sixième guerre de religion dura peu en France. Quoique les armes des huguenots n'eussent pas été heureuses, Henri III, ne voulant pas détruire le seul contrepoids qu'il eût à opposer à l'omnipotence des Guises, qu'il haïssait et redoutait en même temps, signa avec les huguenots le traité de Bergerac de septembre 1577, bientôt suivi de l'édit de pacification de Poitiers (17 septembre), qui limitait l'exercice de la religion réformée aux villes et bourgs où il était célébré la veille du traité, mais accordait en sus un lieu de culte par bailliage dans les villages, bourgs ou faubourgs de ville, qu'il plairait aux protestants de choisir.

Annonay ne fut témoin d'aucun fait de guerre pendant ce temps, non plus que ses environs. Les états du Vivarais se tinrent même dans la ville en août 1579 et les deux partis y signèrent un accord pour entretenir la paix et l'union dans le pays sous l'observation des édits. Il fut confirmé par les états du Languedoc réunis à Carcassonne le 27 décembre suivant. Henri III avait été fort mécontent de cet accord particulier conclu par les états du Vivarais et leur en écrivit, mais ceux-ci lui répondirent qu'il n'avait eu en vue que d'assurer la liberté du labourage tout en demeurant sous son obéissance (1).

*
* *

La septième guerre de religion reçut le nom de *guerre des amoureux* parce que le roi de Navarre (devenu plus tard Henri IV), l'entreprit à l'instigation de sa femme Marguerite, qui était vivement irritée de ce que Henri III avait dénoncé à son époux le commerce criminel qu'elle passait pour entretenir avec le vicomte de Turenne.

Annonay jouit pendant ce temps de la plus grande tranquillité.

La paix générale fut signée au Fleix le 26 novembre 1580. Elle confirma l'édit de Poitiers du 17 septembre 1577 et les articles de Nérac de février 1579, et accorda aux protestants des conditions plus favorables qu'ils n'auraient osé espérer, car, à l'exception de la prise de Cahors, ils n'avaient presque éprouvé que des échecs dans cette septième guerre.

Le roi de Navare, conformément à cet édit, chargea de Meausse, qui avait été rendu à la liberté et réintégré dans ses fonctions de gouverneur d'Annonay, de remettre entre les mains des officiers royaux Saint-Agrève et Baix; de rétablir le comte Guillaume-Louis de Montlor dans son château de la ville d'Aubenas, dont il était le baron; le bailli du Vivarais, dans son

(1) *Archives départementales de l'Ardèche*, C, 1025.

siège de Villeneuve-de-Berg, et Gilbert de Lévis, duc de Ventadour, dans ses biens.

En 1584, au mois de septembre, Annonay fut fermé aux protestants des environs. Le gouverneur catholique l'avait fortifiée pour tenir tête à la place de Saint-Agrève occupée par les huguenots. L'assemblée politique générale de Montauban, réunie cette même année, s'en plaignit au roi comme d'une infraction à l'édit de paix.

* * *

La mort du duc d'Anjou, frère de Henri III, survenue le 10 février 1584, qui faisait du roi de Navarre l'héritier présomptif de la couronne, remplit les Guises d'un tel dépit qu'ils signèrent avec Philippe II, roi d'Espagne, un traité portant que le vieux cardinal de Bourbon, oncle du roi de Navarre, serait le successeur de Henri III au cas où ce dernier mourrait sans postérité. Le cardinal lui-même publia un manifeste, revêtu de la signature du pape et de presque tous les princes catholiques de l'Europe, où il prenait le titre de prince du sang. Le roi de Navarre, se voyant dépouillé de ses droits, prit les armes et la guerre recommença avec d'autant plus d'acharnement que Henri III, méconnaissant ses intérêts et ceux de la France ou se sentant trop faible pour les soutenir, s'allia avec les Guises, qu'il détestait, par le traité de Nemours du 7 juillet 1585, qui interdisait sous peine de mort l'exercice de la religion réformée et qui fut suivi de l'édit du 18 juillet, portant la même prohibition. Du Peloux reçut une lettre close du roi, le chargeant de faire exécuter le premier édit dans l'étendue de la baronnie d'Annonay.

La paix ne fut pas troublée dans la ville pendant cette huitième et dernière guerre de religion, mais les protestants qui l'habitaient ne purent exercer leur religion. L'édit d'union de juillet 1588, qui resserra les liens de

Henri III avec la Ligue, ne fit qu'aggraver leur situation. Henri IV abrogea ces édits cruels en juillet 1591 et rétablit le régime de celui de Poitiers de 1577, en attendant que parût celui de Nantes de 1598, qui fut définitif.

Toutefois, l'édit réparateur de juillet 1591 n'était pas encore publié en Vivarais en 1593. C'est pourquoi les protestants d'Annonay, qui étaient privés du culte public depuis huit ans, adressèrent, le 23 septembre 1593, une requête à leur suzeraine, Marguerite de Montmorency, duchesse de Ventadour, comtesse de Lavoulte, dame d'Annonay et femme d'Anne de Lévis, à l'effet d'obtenir l'autorisation d'exercer leur religion. La duchesse répondit que, comme l'édit de juillet 1591 n'avait été ni reçu, ni publié au siège royal d'Annonay, les suppliants devaient s'adresser au gouverneur du Languedoc, le duc de Montmorency.

Les catholiques d'Annonay se montraient du reste fort peu tolérants, car lorsque leurs compatriotes réformés, unis aux protestants de Boulieu, adressèrent une requête à Henri IV lui-même pour obtenir le rétablissement de leur religion, conformément à l'édit de Poitiers de 1577, ils prièrent ce roi de ne pas acquiescer à leur demande, et l'archevêque de Vienne, Pierre de Villars, se fit leur défenseur auprès de son conseil. Mais Henri IV passa outre et rendit, à Lyon, le 23 septembre 1595, un arrêt ordonnant au bailli du Vivarais ou à son lieutenant de laisser aux suppliants la liberté d'exercer leur religion à Annonay et à Boulieu, comme ils en avaient déjà joui avant le traité de Nemours de 1585 et comme l'exigeait l'édit de Poitiers de 1577. Le sieur Charles du Peloux, gouverneur d'Annonay, et les consuls furent invités à tenir la main à l'exécution de l'arrêt (1).

(1) *Arch. du Conseil presbytéral d'Annonay* (Pièces imprimées).

Aussitôt après le rétablissement du culte réformé on vit affluer à Annonay un grand nombre de protestants du Forez et du Lyonnais, qui ne jouissaient pas dans ces provinces de la liberté de leur culte (1).

*
* *

Telle fut la condition extérieure des protestants d'Annonay pendant les guerres de religion du XVIe siècle. Quant à leur condition intérieure ou ecclésiastique, voici ce que les documents que nous avons eus à notre disposition nous apprennent.

Les lettres patentes du 26 août 1564, données en suite de l'édit de pacification d'Amboise du 19 mars 1563, ayant autorisé les protestants d'Annonay, qui était la capitale du colloque du Haut-Vivarais, à célébrer leur culte, ceux-ci s'empressèrent de bâtir un temple au faubourg de La Réclusière, que le bailli de la ville leur avait assigné. En 1566, la ville comptait à peine vingt catholiques.

Le 24 septembre 1576, André Chomel de Varagne passa un contrat de vente avec plusieurs protestants, représentés par Achille Gamon et autres, d'une maison avec cour et jardin, située entre la rue des Parpailloux et celle du Malton, aujourd'hui Sainte-Marie, pour en construire un temple. L'année suivante, les acheteurs en firent don à la communauté entière, qui se réunit dans ce lieu pendant de longues années.

Ayant perdu leur droit d'exercice après l'édit du 18 juillet 1585, qui l'interdisait dans tout le royaume, sous peine de mort, les protestants d'Annonay en obtinrent le rétablissement par lettres patentes de Henri IV du 20 (ou 23) septembre 1595. Cet exercice paraît toutefois

(1) Gamon, dans *d'Aubais*, p. 20-22 ; Poncer, *Mém. histor. sur le Vivarais*, t. III, p. 431-433. Filhol, t. I, p. 506, 507, 560.

avoir été repris plus tôt, car le 21 août 1594 on signale à Annonay la construction du temple. Le duc Anne de Lévis de Ventadour confirma les lettres du roi le 11 février 1596, et comme Charles du Peloux, gouverneur d'Annonay, avait fait des démarches pour s'opposer au rétablissement de la religion réformée de cette ville, Henri IV lui écrivit, le 18 septembre 1595, qu'il voulait que les protestants pussent jouir librement de leur culte.

Dès 1590, les catholiques d'Annonay avaient fondé un collège pour fortifier leur parti. L'année suivante, Pierre de Villars, archevêque de Vienne, qui écrivit au pape Clément VIII que l'hérésie perdait du terrain à Annonay, s'établit dans cette ville pour s'occuper de la conversion des protestants et provoqua le pasteur Jérôme de Salvay à une dispute publique. « J'ai fait, » dit-il dans une lettre, « inviter le ministre, jadis carme et prémontré, à conférer de bouche ou par écrit, privément ou en public, et n'en ai encore de réponse. »

En 1593, les protestants de Lyon, qui ne jouissaient pas de l'exercice de leur religion, vinrent plusieurs fois à Annonay pour faire baptiser leurs enfants.

A la veille de la promulgation de l'édit de Nantes, les protestants étaient encore de beaucoup les plus nombreux à Annonay, qui renfermait à peine six cents catholiques (1).

Pasteurs : Pierre Raillet (ou Railly), 1562-1572 ; André Ducros, diacre, 1562 ; Jérôme de Salvay, 1596-1621 ; Vincent de La Pise, 1574-1583.

A *Boulieu*, le 23 mars 1563, on faisait les prières « à la mode de Genève » dans la maison de Cath. Valerne, veuve de Jean Bollioud. Y assistaient : Guillaume de Bollioud, sieur de Beaumont ; Etienne, son cousin ;

(1) Filhol, t. II, p. 12-14, 16, 594.

Guillaume Mayol, juge de Saint-Julien-Molin-Molette ; Arnaud Jean ; Antoine Chometon, oncle et neveu, et autres de Boulieu ; de Cousa, procureur d'office de Saint-Galmier ; J. Chabert, consul d'Annonay, et Me Bollioud, chanoine d'Annonay. « Dieu éternel, » disait P. Dallier, procureur du roi au bailliage de Forez, siège du Bourg-Argental, qui rapporte ce fait, « nous a donné bien et joie, et était la semaine avant Pâques » (1).

L'exercice de la religion fut interrompu à Boulieu à la suite de l'édit du 18 juillet 1585, mais rétabli par lettres patentes de Henri IV du 23 septembre 1595. Il est vraisemblable même qu'il fut repris plus tôt.

Diacre : Vinyer. Pasteur : Gaillard, 18 février 1582.

* * *

On possède quelques renseignements sur plusieurs des pasteurs d'Annonay et de Boulieu de cette époque.

Raillet ou Railly (Pierre), était natif de Bourgogne et ancien maître d'école de Chancy, près Genève. A Annonay, 1562-1572 ; Lagorce, 1586 ; Vallon, 1593-1599. Il se réfugia à Genève, à l'époque de la Saint-Barthélemy, et y fut reçu habitant le 23 septembre 1572. Sa fille Abigaïl se maria à Jessé Barruel, fils de feu Etienne Barruel, maître cordonnier à Privas.

Ducros (André), diacre à Annonay en 1562, fut pasteur à Macheville la même année, après avoir passé quelques mois à Genève pour perfectionner ses études.

Jérome de Salvay était un ancien carme prémontré. Il fut pasteur à Desaignes, vers 1589 et à Annonay, de 1596 à 1621. Il fut pris à partie par le jésuite Poursan dans un livre de controverse publié par ce dernier.

(1) Communiqué par Mad. Dobler-Alléon.

Voici dans quelles circonstances : Pierre de Villars, archevêque de Vienne, après s'être démis de ses fonctions, s'établit en 1600 à Annonay comme simple grand vicaire de son frère Jérôme de Villars, qu'il avait fait nommer à sa place, et, pendant cinq ans, il s'appliqua à la conversion des protestants d'Annonay avec ses deux coadjuteurs, Jacques Gaulthier, jésuite né dans cette ville, et Antoine Poursan. Ce dernier se donnait le titre de chanoine et théologal de Saint-Maurice-de-Vienne et principal du collège de cette ville, mais c'était en réalité un jésuite, qui avait été condamné par le parlement de Paris. Jérôme de Salvay, pasteur d'Annonay, eut une conférence religieuse avec ce dernier dans la maison de M. du Peloux de Vogué et en rédigea un compte rendu, qu'il envoya à celui-ci avec ces quelques mots : « Monsieur, afin que vous puissiez juger ces points de religion, qui ont été débattus en votre présence entre M. Poursan et moi, je vous en ferai un bref sommaire. »

Poursan s'étant rendu à Nimes pour prêcher contre les protestants, comme il l'avait fait à Annonay, publia un écrit contre Paul de Falguerolles, pasteur dans la première ville, et contre Salvay, qu'il intitula : *Advertissements d'Antoine Poursan contre Falguerolles et contre Salvay*. Faisant allusion à la lettre que ce dernier avait écrite à du Peloux et ne reconnaissant pas à un laïque le droit de juger des matières de controverse, il disait dans ces *Advertissements* : « Pour moi, je tiens M. du Peloux pour un seigneur digne de sa qualité et du rang qu'il occupe... ; mais de le prendre pour juge des points de la religion, il n'y a point d'apparence, et je ne voudrais pas pour bonne chose lui avoir écrit de cette façon, il penserait peut-être que je me moquerais de lui ; et, s'il fallait en ceci m'accorder à vous, il nous faudrait subir tel jugement qu'il aurait porté, si nous n'avions recours ailleurs par appel. » Daniel Chamier, pasteur à Montélimar, répondit à ce théologien par ses *Considérations sur les advertissements de A. Porsan* (Genève), 1600, in-8°, 266 pages.

Vincent de la Pize avait été pasteur à Gluiras de 1570 à 1574 avant de venir à Annonay. Il fut attaqué par un écrit du médecin Caron.

Le jésuite Jacques Gaultier, dans sa *Table chronographique,* dit que ce Caron était « natif d'Annonay, médecin très renommé et non moins versé ès controverses de ce temps qu'en médecine, comme témoignent ses écrits, partie imprimés, partie à imprimer. » Nous apprenons de lui-même, dans *L'Antechrist démasqué* (Tournon, 1589, in-8°), que plusieurs pasteurs avaient écrit contre lui des traités de controverse, que nous n'avons pas retrouvés, et que son *Antechrist* était destiné à y répondre. « Puisque c'est moi », dit-il au peuple d'Annonay de la religion réformée auquel il adresse sa préface, « à qui se sont aheurtés autrefois et si souvent vos ministres; puisqu'avec recherches si curieuses ils m'ont provoqué (de quoi font foi leurs écrits injurieux, signés de leurs mains, scellés de leurs cachets et ne visant qu'à étouffer la Parole de Dieu sous le manteau d'une sainte réformation), je me suis vu du tout forcé de démêler ce différend et répondre. »

Nous savons par cet ouvrage et par la *Response aux blasphèmes d'un Ministre de Calvin sacramentaire semez dans ses escrits contre le S. sacrifice de l'autel* (Tournon, 1590, in-8°), du même auteur, que notre médecin eut aussi des discussions religieuses avec les pasteurs qui l'avaient « aheurté, » notamment avec Vincent de la Pize, d'Annonay, et François Gaillard, de Boulieu. Le *Ministre de Calvin,* qu'il vise dans sa « Response, » est Jean de Serres, qui était pour lors pasteur à Nîmes, et qu'il appelle le *Nouveau Anti-Jésus et le Sublimé du Languedoc,* et les « escrits » auxquels il répond, sont les divers traités que le pasteur de Nîmes avait publiés en réponse aux jésuites de Tournon, qui, sans provocation aucune, avaient fait afficher, aux portes de l'Académie protestante de Nîmes, des thèses de défi sur l'autorité de l'Eglise et de la Parole de Dieu, les images et la présence réelle. (1)

Gaillard (Jean-François), était né à Salusses (Salassus) en Piémont et immatriculé à l'Académie de Genève en 1562. A Boucieu-le-roi, 1576; Boulieu, 18 février 1582; Tournon-lès-Privas, 1596; Saint-Fortunat, 1599-1601.

---

(1) Voyez notre *Histoire des protestants du Vivarais et du Velay*, t. 1. p. 531-534.

RÉGIME DE L'ÉDIT DE NANTES

1598-1685

On sait que Henri IV, tant il craignait de s'aliéner la cour de Rome et le clergé de France, se fit longtemps prier avant d'octroyer l'édit de Nantes à ses anciens coreligionnaires; mais les gentilshommes réformés, siégeant à l'assemblée politique générale de Châtellerault (1597-1598), qui n'entendaient point se laisser leurrer par de vaines promesses comme précédemment, ayant posé leurs conditious avant de promettre de suivre le roi au siége d'Amiens, celui-ci, craignant d'être abandonné par eux, finit par signer le célèbre édit le 12 avril 1598.

« Cet édit, » dit la *France protestante* (1), « que l'on a décoré du titre pompeux de Charte des Églises protestantes, n'était au fond que la reproduction des édits de Poitiers, de Nérac et de Fleix, dont il rappelle fréquemment les dispositions. L'exercice public du culte réformé n'était autorisé qu'en certains lieux déterminés, et, dans ces lieux mêmes, les protestants devaient se soumettre à la police de l'Eglise romaine, chômer les jours de fête, payer les dîmes au clergé catholique, remplir tous les devoirs extérieurs des paroissiens. Ils étaient d'ailleurs déclarés admissibles à tous les emplois, leurs malades devaient être reçus dans les hôpitaux, leurs pauvres dans les hospices, leurs enfants dans les collèges, et, pour leur assurer une justice impartiale

(1) T. I, p. 58.

devant les tribunaux, l'édit établit dans plusieurs parlements une chambre mi-partie, c'est-à-dire composée d'un nombre égal de juges catholiques et protestants. Des articles particuliers, qui ne furent jamais enregistrés, malgré une promesse formelle, accordèrent aux ministres quelques-uns des privilèges dont les curés jouissaient depuis des siècles, autorisèrent les legs et donations pour l'entretien des pasteurs et des écoles, et permirent aux protestants de lever sur eux-mêmes une somme annuelle pour les frais du culte et des synodes. Enfin des brevets secrets, qui ne furent relatés ni dans l'édit ni dans les articles particuliers, promirent aux protestants une somme annuelle de quarante-cinq mille écus pour le traitement de leurs ministres et leur laissèrent la garde, pendant huit ans, de toutes les places dont ils étaient alors les maîtres, » c'est-à dire jusqu'à la fin d'août 1597.

Le parlement de Toulouse, auquel le Vivarais et le Velay ressortissaient, ne consentirent, à l'exemple de plusieurs autres parlements de France, à enregistrer l'édit qu'en y apportant certaines restrictions (19 janvier 1600). La cour du sénéchal du Puy ne paraît pas en avoir fait aucune et enregistra purement et simplement l'édit le 16 février 1600, à la requête du sieur de Saint-Pol, commissaire du roi, qui se transporta au Puy dans ce but (1).

Les places dont la garde était laissée aux protestants par l'édit de Nantes se divisaient en trois catégories : les places de sûreté et d'ôtage, dont la garnison était entièrement protestante ; les places de mariage, dont la garnison était mi-partie, c'est-à-dire composée par moitié de soldats protestants et de soldats catholiques ; les places particulières, dont la garde était exclusive-

(1) M. Arnaud, *Histoire du Velay*, t. II, p. 82.

ment confiée à leurs seigneurs protestants et qui se gardaient elles-mêmes.

Aucune place de sûreté ne fut accordée au Vivarais, mais il obtint une place de mariage, Baix-sur-Baix, gardée par deux soldats détachés de la garnison de Sommières et recevant 48 l. par mois pour leur entretien, et 5 places particulières : Vallon, Vals, Privas, Le Pouzin et les Boutières (1).

Les douze années, qui s'écoulèrent depuis la promulgation de l'édit de Nantes jusqu'à la mort de Henri IV (14 mars 1610), furent une des époques les plus calmes et les plus prospères de la Réforme. Les passions s'amortirent en dépit de quelques querelles particulières et les deux partis vécurent en assez bonne intelligence. La mort du roi remplit les protestants de crainte et ce ne fut pas sans motifs. Des temples furent brûlés et quelques ministres égorgés. Dans les cours de justice, les hôpitaux et les charges publiques ; dans la distribution des aumônes et la désignation des lieux de culte leurs droits étaient méconnus. On commençait même à dire tout haut que l'édit de Nantes n'était qu'un sursis accordé à des sujets rebelles, et que tôt ou tard le nouveau roi exécuterait le serment qu'il avait fait le jour de son sacre d'extirper l'hérésie.

Sur ces entrefaites, la France conclut une ligue offensive et défensive avec l'Espagne (30 avril 1612), puis survint le double mariage de Louis XIII avec une infante espagnole et du prince des Asturies avec Elisabeth de France (20 et 25 août). Les jésuites prêchèrent en pleine chaire que le dessein de ce double hymen

---

(1) Les Boutières, étant une contrée, doivent désigner ici les places ou châteaux situés sur son territoire (Anquez, *Histoire des assemblées politiques*, p. 164, 166 ; *La France protestante*, t. X, p. 258. Nous avons rectifié les noms défigurés).

était l'extirpation de l'hérésie, et les alarmes des protestants redoublèrent. Pourtant aucun évènement fâcheux ne justifia sur l'heure leurs craintes. Louis XIII confirma l'édit de Nantes à sa majorité, le 1er octobre 1614, puis le 10 novembre suivant. Aux Etats de Blois, en mai 1628, et, par sa déclaration du 20 juillet de la même année, où il atténua la teneur du terrible serment qu'il avait fait à son sacre, il acheva de se réconcilier avec les protestants. Mais deux ans après, il ordonna par un édit du 15 févier 1618 le rétablissement de la religion catholique dans le Béarn et l'incorporation de cette province à la couronne de France. Il s'en empara lui-même de vive force, au milieu d'excès de toutes sortes, et fit enregistrer violemment son édit par le parlement de Pau (15 octobre 1620).

Cet abus de pouvoir, qui ruina les Églises réformées du Béarn, eut un douloureux retentissement dans tout le royaume et les réformés, craignant pour leur liberté, leurs biens et leurs vies, levèrent l'étendard de la révolte dans l'assemblée politique générale de La Rochelle, qui, nonobstant les défenses formelles du roi, s'ouvrit le 24 décembre 1620.

La guerre commença en Vivarais plus d'une année avant l'assemblée de La Rochelle, mais les protestants d'Annonay n'y prirent aucune part et firent leur soumission au roi entre les mains d'Antoine Seigle, lieutenant du bailli du Vivarais. L'acte de soumission fut signé, le 27 mai 1621, par près de trois cents chefs de famille, parmi lesquels on comptait les protestants de Boulieu et d'autres paroisses voisines d'Annonay. Voici le texte de leur serment d'obéissance :

« Nous promettons et jurons sincèrement devant Dieu et devant les hommes de nous tenir fermes et inséparablement attachés au service du Roi, Louis le Juste, XIII de ce nom, roi de France et de Navarre ; lequel nous reconnaissons pour notre prince naturel et légitime, qui nous a été donné de Dieu pour la conduite de cette monarchie ; — voulant vivre et mourir dans la naturelle sujétion et nécessaire obéissance que nous lui devons, et exposer nos biens et nos vies pour les opposer à tous ceux qui, soit dehors ou dedans le royaume, auraient des desseins contraires au bien de son Etat et préjudiciables à la sureté de sa couronne ; — comme y étant obligés par les droits de notre naissance et par les lois de notre religion, l'empire de Dieu demeurant en son entier et nos consciences demeurant en liberté ; — détestant et abominant les personnes et doctrines de ceux qui pourraient avoir ou former des opinions contraires ; et, pour ce qui regarde la renonciation, nous déclarons nulles les assemblées de La Rochelle et de Montauban, et toutes les autres qui ont été tenues ou se tiennent encore en quelque part du royaume que ce soit, en ce qu'elles se sont dévoyées ou voudraient ci-après se dévoyer de l'obéissance due à Sa Majesté pour pencher tant soit peu du côté de la rébellion, les révoquant dès à présent en tant que est en nous, y renonçant et protestant n'y adhérer en façon quelconque et autrement, comme est porté par la déclaration vérifiée à Toulouse et à Castres. »

Cette déclaration, que tous les protestants devaient signer, en vertu de l'édit de Niort du 27 mai 1621, fut faite devant Antoine Seigle, docteur ès droit, conseiller du roi, lieutenant du bailli du Vivarais, à la réquisition de Pierre-André Gautier, procureur du roi (1).

Les habitants d'Annonay ne prirent non plus aucune part à la deuxième et la troisième guerre de religion, qui eurent surtout pour théâtre le Bas-Vivarais et durèrent de 1625 à 1629.

---

(1) Filhol, t. II, p. 64-66 ; Poncer jeune, *Mém. histor. sur Annonay*, t. II, p. 131 ; Chomel le Béat, *Hist. du protestantisme à Annonay* (manusc.).

*
* *

Bien que, sous le régime de l'édit de Nantes, les protestants de France aient pu, d'une manière générale, exercer librement leur religion dans les lieux où ils étaient établis, ils ne laissèrent pas que d'être en butte à beaucoup de tracasseries et même de violences. Ceux d'Annonay en firent la triste expérience, comme on va le voir.

Le 3 janvier 1635, un samedi soir, le seigneur de Boulieu, qui était également seigneur d'Annonay, fit défense au pasteur Alexandre de Vinay de prêcher à l'avenir dans le temple de cette ville. Il agissait à la suggestion du jésuite Hercule de Ventadour, fils du duc Anne de Ventadour, qui était venu à Annonay dans ce but. Chomel, consul et syndic du consistoire, ayant reçu la même défense, se rendit auprès de Vinay, qu'il trouva prêt à passer outre. Le lendemain, dimanche, quand les fidèles furent réunis dans le temple, Vinay leur envoya Chomel, qui leur dit : « Messieurs, j'ai à vous faire une proposition, c'est que le seigneur de cette ville nous a fait défendre de ne plus nous assembler céans, et à notre pasteur de ne plus prêcher ; c'est pourquoi vous aviserez ce que vous avez à faire. »

Chomel prononça ces paroles avec larmes, et toute l'assemblée aurait partagé son attendrissement, si un homme courageux, « à qui les armes de la foi non plus que celles de la main ne manquaient point, » le sieur de Fournier, ne s'était écrié, son chapeau à la main : « Je réponds pour toute cette assemblée, à savoir que nous avons acquis cette maison par le sang de nos pères, et la voulons conserver aux périls de nos vies ; allons *sommer* notre pasteur à faire sa charge. » Les auditeurs les plus éloignés, ayant cru que Fournier disait qu'on voulait *assommer* leur pasteur, poussèrent de grands cris, que les anciens du consistoire eurent beaucoup de peine à comprimer.

Quand le calme se fut rétabli, le maître d'école monta en chaire et fit chanter le Psaume XCI : *Qui sous la garde du grand Dieu pour jamais se retire,* etc. ; après quoi Vinay fit chanter le Psaume CXXIX : *Dès ma jeunesse ils m'ont fait mille maux,* etc., puis il prononça son discours, et à la fin invita ses auditeurs à tenir bon. « Il y va, » leur dit-il, « de la gloire de Dieu et de son service, qui nous doit être plus cher que notre vie, car par ce moyen nous hériterons du royaume des cieux. C'est pourquoi je vous exhorte de la part de Dieu de ne point l'abandonner. » Tous ayant levé la main en signe d'assentiment, il ajouta, en levant lui-même la main : « Et moi j'abandonnerai plutôt mes biens, ma femme et mes enfants, et ma propre vie, pour soutenir cette si juste cause. » Au service de l'après-midi il prêcha sur ces paroles : *Celui qui aime son père et sa mère plus que moi n'est pas digne de moi* (Matth., X, 37).

Jusqu'au mercredi prochain, qui était également un jour de prêche, il ne se passa rien d'extraordinaire ; mais ce jour-là, quand Vinay fut monté en chaire, le juge de la ville et le procureur du roi entrèrent dans le temple, accompagnés d'un grand nombre de leurs partisans. Vinay avait pris pour texte ces paroles de l'Apocalypse, XIV, 6 et 7 : *Et je vis un autre ange qui volait au milieu du ciel,* etc. Regardant en face ses nouveaux auditeurs qui s'étaient assis aux tribunes, et après avoir répété plusieurs fois « qu'il ne fallait point adorer les saints, non plus que les images, ni aucune autre chose fabriquée par la main de l'homme, mais seulement celui qui a fait le ciel, la terre, la mer et les fontaines des eaux ; » il ajouta : « Dedans l'arche de Noë, il y avait toutes sortes d'animaux, et le loup ne faisait point de mal à l'agneau. Il est bien vrai que Dieu leur avait mis le cavesson, » c'est-à-dire la bride. Là dessus le juge et sa suite quittèrent le temple sans proférer une parole, mais non sans renoncer à leur dessein de faire fermer le temple. En attendant les fidèles jeûnaient chez eux et se réunissaient en petits groupes dans les maisons pour prier Dieu.

Vinay, l'ayant appris, estima qu'il était préférable que les réunions se tinssent dans le temple, pour que les protestants, qui le gardaient nuit et jour, pussent en profiter. On fit donc choix de huit ou dix jeunes gens qui se relayaient les uns les autres en chaire, le jour et la nuit, pour lire les prières et conduire le chant. Pendant ce temps, Vinay fut sommé par un trompette, à trois reprises différentes, d'avoir à cesser ses prêches ; et, comme l'une des sommations lui fut faite pendant qu'il était en chaire, il s'écria : « Et quoi ! craindrions-nous ces trompettes que l'on n'entend que de trois ou quatre pas ; mais plutôt craignez cette trompette du ciel qui se fera entendre au dernier jour des quatre coins de la terre pour appeler les bons et les mauvais. Prions Dieu, mes frères, que nous soyons du nombre de ceux à qui Jésus-Christ dira : *Venez, les bénis de mon père, posséder l'héritage qui vous a été préparé dès la fondation du monde.* »

Sur ces entrefaites, les protestants d'Annonay ayant appris que l'on s'apprêtait à mettre des cadenas à leur temple, quelques femmes courageuses, MM^mes de Pierregourde, Lacroix et une troisième, l'auteur du *Mémoire* qui nous a rapporté ces faits, prirent des cendres et se rendirent au temple. Elles ne voulurent pas que les hommes intervinssent, sinon à la dernière extrémité. Les gens, envoyés par la justice pour fermer le temple, s'étant présentés à la porte au moment où Vinay venait de terminer le service et était encore en chaire, Mme de Pierregourde fit signe aux autres dames de l'auditoire de la suivre, parmi lesquelles étaient Mme de Cussonel, sœur de Mme de Pierregourde, Mme du Teyrac et sa sœur, Mme Gamoy, Mme du Cros et un grand nombre d'autres. Ceux qui étaient venus fermer les portes du temple, dit le *Mémoire* susdit, « croyaient que nous avions pris peur et que nous restions là pour nous sauver, et dirent à Mme de Pierregourde : Voulez-vous sortir ? — Nenny, dit-elle, je suis ici pour vous empêcher d'entrer ; et alors ils dirent : De par le roi nous voulons entrer. — Alors Mme de Cussonel, veuve de M. Gauthier, dit : Nous tenons cette maison du roi ; — et Mme Etoile se prit à dire ; Oui, nous la tenons du roi et la conserverons au péril de nos vies. — Et là dessus, un archer du prévôt, qui eut bientôt la jambe coupée par celui qui réduit en cendres tous ceux qui s'élèvent contre la vérité, lui présenta le pistolet, et elle lui jeta une poignée de cendres ; et cela émut tellement les femmes à jeter cendres que n'eussiez vu que fumée, tellement que ces gens furent plus étonnés que s'ils nous eussent vu l'épée à la main, et s'en allèrent tout confus pour avoir reçu nos cendres. » Aussitôt l'assemblée entonna le célèbre Psaume LXVIII, dit des batailles : *Que Dieu se montre seulement et l'on verra dans un moment abandonner la place.*

Cet acte de courage des ouailles de Vinay exaspéra ses adversaires, qui ne parlaient de rien moins que de le mettre à mort et qui demandèrent aux catholiques, dont les maisons avoisinaient le temple, de leur prêter main-forte pour l'arracher de sa chaire. C'est pourquoi on jugea prudent de le faire cacher pendant quelque temps. D'autre part, les protestants ne s'étaient pas endormis et avaient dépêché le sieur Baffort au roi avec une requête. Il s'acquitta fidèlement de sa tâche et, quatorze jours après son départ, arriva au consistoire l'autorisation de continuer les exercices comme par le passé. Elle fut signifiée par un sergent, accompagné de sept ou huit jeunes hommes, au procureur du roi et autres officiers du bailliage, et le lendemain on alla retirer

Vinay de sa retraite. Il revint, accompagné de dix gentilshommes ou notables de l'Eglise, et arriva un dimanche, à quatre heures de l'après-midi, au moment où les fidèles sortaient du temple. Montant en chaire aussitôt, il ordonna un jeûne général, qui devait durer jusqu'au mercredi suivant. Ce jour-là il donna trois prédications en présence d'une assemblée considérable, composée des protestants d'Annonay, de Boulieu et d'autres lieux environnants, et annonça que dorénavant, soir et matin, la prière serait faite dans le temple. L'Eglise reçut une grande édification de cette épreuve. « Toutes les querelles, débats et médisances, » dit notre *Mémoire*, « furent tellement apaisées qu'il semblait que nous étions au temps des apôtres, qui n'étaient qu'un cœur et qu'une âme. » Vinay exhorta ses auditeurs à reprendre leur nourriture habituelle, car il y avait des femmes qui jeûnaient depuis quatorze jours au moins, se bornant à prendre, le soir, un repas léger. En terminant le service, il donna la sainte Cène. « Nous fûmes tellement rassasiés, » dit encore notre *Mémoire*, « que nous n'avions pas même envie de plus manger ce jour-là. Voilà la conclusion de nos adversaires et de nous, qui s'est terminée par un doux silence, et pouvons bien dire le commencement du psaume XLVI : *Dès qu'adversité nous offense, Dieu nous est appui et défense. Au besoin l'avons eprouvé, et grand secours en lui trouvé* (1). »

Une place de pasteur étant devenue vacante à Annonay, le consistoire nomma, pour la pourvoir, deux pasteurs envoyés par l'Eglise de Nîmes, Chion et Vincent, en 1666 et 1667. Le premier ne paraît avoir séjourné longtemps à Annonay ; quant au second, le synode de

(1) *Histoire remarquable des persécutions de l'Eglise réff. de la ville d'Annonay* (dans le *Bulletin de la Société, etc.*, t. I, p. 285-292). Matthieu Duret, *Notes pour servir à l'histoire d'Annonay* (manusc.).

Vallon, de décembre 1668, n'ayant pas voulu confirmer sa nomination parce qu'il n'appartenait pas au Vivarais, celle-ci devint nulle en vertu de l'article V des actes généraux du synode de Charenton de 1644, et le synode du Vivarais nomma, pour un an, Pierre Janvier à la place de Vincent, qui quitta Annonay et partit pour le Portugal comme aumônier du maréchal de Schomberg. Janvier se rendit à Annonay, mais le consistoire ne voulut pas le recevoir. Le 1er mars 1669, il y eut même à son sujet une sédition dans le temple, provoquée par quelques membres du consistoire. Le conseil du roi, qui ne négligeait aucune occasion de s'immiscer dans les affaires intérieures des Églises réformées, décida, par son arrêt du 2 septembre suivant, que la délibération du consistoire de Vallon aurait son plein et entier effet, que les procès civils nés de cette affaire seraient portés devant la chambre de l'édit de Grenoble et que ni la Chambre de l'édit de Castres, ni le parlement de Toulouse, ne pourraient en connaître.

Pendant ce temps, le synode de la province, s'étant de nouveau réuni à Vallon du 10 au 18 septembre 1669, confirma la décision du synode précédent, censura le consistoire d'Annonay pour en avoir empêché l'exécution, chargea le pasteur du lieu, Alexandre de Vinay, et le consistoire de procéder, à peine de désobéissance, contre les auteurs de la sédition et continua pour un an, jusqu'au prochain synode, le ministère de Janvier ; décision dont les députés de l'église d'Annonay appelèrent au synode général.

Là-dessus, l'arrêt du conseil du 2 septembre 1669 fut signifié au consistoire, qui n'en tint pas compte, ne poursuivit pas ceux de ses membres qui avaient provoqué la sédition, ne prononça pas leur exclusion et ne se montra pas mieux disposé qu'auparavant à accepter Janvier comme pasteur. Ce dernier, craignant, s'il persistait à demeurer à son poste, que de nouveaux troubles ne surgissent, passa une transaction avec Me Flond, syndic de l'église d'Annonay, portant qu'il n'entendait pas servir celle-ci contre le gré du consistoire et qu'il se retirait jusqu'au prochain synode ; mais il demanda et obtint, le 4 décembre 1669, des Lettres royales de la chancellerie de la chambre de l'édit de Grenoble pour se joindre aux commissaires du synode de Vallon dans l'instance criminelle poursuivie en ladite chambre contre les séditieux du consistoire d'Annonay.

D'autre part, comme le procureur général du parlement de Toulouse avait évoqué cette affaire, un conflit de juridiction s'ensuivit entre ce dernier et la chambre de Grenoble. C'est pourquoi la grande chancellerie donna des lettres en règlement de juges, en vertu desquelles Chion et Vincent furent assignés devant le conseil privé du roi, quoique l'arrêt du 2 septembre 1669 précité eut mis fin d'avance au conflit de juridiction en décidant que cette affaire et toutes les autres seraient renvoyées à la chambre de l'édit de Grenoble.

Pour en finir, le conseil du roi édicta un nouvel arrêt, le 12 juillet 1670, portant qu'on n'aurait égard ni aux lettres de règlement de juges, ni à l'instance introduite ou à introduire au conseil privé, ni à la transaction de Janvier, et que ce dernier exercerait son ministère à Annonay jusqu'au prochain synode. Il ordonna, d'autre part, aux consuls d'Annonay de rétablir Janvier dans sa charge « à peine de désobéissance et d'en répondre en leur privé nom, » interdit le consistoire afin qu'aucun de ses membres ne pût faire partie du nouveau qui serait élu, et chargea le lieutenant général du Languedoc, l'intendant et autres, de tenir la main à l'exécution de l'arrêt. Le consistoire fut remplacé provisoirement par une assemblée de chefs de famille sous la présidence de Philippe Bornier.

Cet arrêt du conseil, qui était un empiétement du pouvoir temporel sur le pouvoir spirituel, fut dû en partie sans doute aux instances du pasteur de Soyons, Isaac Homel, qui eut l'imprudence d'envoyer à La Vrillière, secrétaire d'Etat, lettres sur lettres, mémoires sur mémoires, en faveur du synode du Vivarais. « Pour arriver plus sûrement à son but, » dit *la France protestante*, « il ne craignit pas, dans son aveuglement, d'exciter les méfiances de l'autorité en lui rappelant le souvenir des anciennes guerres civiles. Assurément l'ennemi acharné des Églises n'aurait pu mieux faire, et cependant Homel s'imaginait leur être utile. » « Il est important, pour le service du roi, » lit-on dans une de ses lettres, « de maintenir les choses en cet état [la séparation absolue du Vivarais et du Languedoc], de mortifier les consistoriaux et d'empêcher l'établissement du sieur Vincent dans le Vivarais. Je vous parle, Monseigneur, franchement, mais je vous supplie aussi très humblement de ne croire pas qu'en ce que je viens de vous dire j'aie aucune pensée de prévarication contre ceux de ma religion ; je voudrais leur procurer, au péril de mon sang et de ma vie, tous les avantages qu'ils peuvent légitimement prétendre, et, dans les occasions, j'ai assez donné des marques du zèle que j'ai pour cela ; mais je suis ennemi des factions et des intrigues qui se font sous prétexte de religion, et, après la crainte de Dieu, j'ai sur toute chose en recommandation la fidélité et l'obéissance qui est due aux puissances ».

A l'époque des dragonnades les protestants d'Annonay eurent aussi à en souffrir.

Nous trouvons les dragons dans cette ville, pendant que l'édit, révoquant celui de Nantes, se libellait à Versailles. Dans le courant d'octobre 1685, les consuls de cette ville convoquèrent dans la maison commune les principaux protestants d'Annonay, savoir Fournier, Chapuis, Lagrange, Lacou, Chomel, Lambert, Abrial, Denis Montchal, Veyre, Peyron, Baron, Léorat, Falgoux et Martinet. « M. Perrot, supérieur du séminaire de Vienne, » dit Filhol (1), « les exhorta fortement, de la part de l'archevêque [Pierre de Villars], à rentrer dans le sein de la religion catholique. Les sieurs Chapuis et Lacou répondirent au nom de tous qu'ils étaient très reconnaissants des démarches de Monseigneur à leur égard, ajoutant qu'ils ne pouvaient adhérer à sa proposition : 1° parce qu'il n'y avait pas d'ordre exprès du roi, pour lequel ils étaient pénétrés de respect et de soumission ; 2° parce qu'il ne leur était plus permis de s'assembler. On leur répliqua que la prohibition de s'assembler n'était pas obsolue. Toutefois, ils persistèrent dans leur refus. »

Pour triompher de leur résistance, « le commandant du Languedoc, » continue Filhol, « donna ordre que deux compagnies de dragons fussent envoyées en logement chez les protestants ; mais une députation ne tarda pas à lui être adressée pour le prier de retirer les dragons, attendu que les protestants étaient prêts à abjurer leurs erreurs. On arrêta cependant que ceux d'entre eux qui avaient fui pour éviter la garnison seraient tenus à revenir ensuite, à défaut de quoi leurs biens seraient vendus pour subvenir à la subsistance des troupes. L'archevêque s'interposa encore en faveur des religionnaires et engagea les chanoines de Notre-Dame à solliciter l'entier retrait des troupes, puisque les protestants assistaient aux instructions qui leur étaient adressées. Une mission fut, en effet, prêchée à Annonoy, en vue surtout de procurer la conversion des hérétiques ; » mais ses succès furent incertains. La plupart des protestants d'Annonay, en dépit de leur abjuration forcée, conservèrent intérieurement leur religion, comme cela eut lieu presque partout.

---

(1) Tom. II, p. 176 à 178.

* * *

Nous devons donner maintenant quelques détails sur l'église d'Annonay sous le régime de l'édit de Nantes.

Cette église était très importante tant par le nombre de ses membres que par leur qualité, et eut presque toujours deux pasteurs.

Le 13 mars 1601, les commissaires exécuteurs de l'édit de Nantes, Fondriac et Du Bourg y maintinrent l'exercice de la religion réformée, et ordonnèrent qu'un cimetière serait acheté aux protestants par le conseil communal de la ville. Ce cimetière, qui portait le nom de La Josserande, était situé au quartier de Saint-Georges. Après la révocation de l'édit de Nantes, en 1689, il fut converti en cimetière catholique, et l'ancien cimetière catholique de Chososain fut vendu à un particulier, qui en fit un jardin (Filhol, t. II, p. 185, 186; Chomel, *Histoire, etc.).*

En 1615, le consistoire demanda un pasteur à Genève, qui lui accorda Montillet (ou Mutillet). Reconnaissant de cette faveur, le consistoire écrivit ces lignes à la Compagnie des pasteurs de Genève: « Nous espérons quelque grande utilité de lui. Dieu lui fasse la grâce de nous bien servir comme nous désirons le bien contenter. Nous implorons vos prières pour l'heureux succès de notre dessein, qui n'a pour but que la gloire de notre commun père, l'édification de son Église par l'éducation de la pépinière d'icelle » (Bibl. de Genève, manus. franç., 197[aa], portef. 7). Il ne ressort pas de cette lettre que Montillet ait été à Annonay. Nous pensons même qu'il n'y vint pas.

En 1621, le roi ayant obligé les protestants, qui n'avaient pas pris part à la guerre de religion de cette époque, à lui jurer fidélité et à donner leurs noms, il fut procédé au dénombrement de la population protestante d'Annonay et de son marquisat, qui donna trois cents chefs de famille. Les noms les plus marquants, qui reviennent sur la liste, sont ceux de Moreton, Léorat, Marchat, Ravel, Voirin, Rozier, Montilhon, Lagrange, Granger, etc.

En 1625, un étranger protestant, de passage à Annonay, nommé Noë de Coursas, étant tombé malade dans une hôtellerie, fut visité par des prêtres qui lui firent abjurer sa religion. A ce sujet, il y eut des troubles dans la ville, à la suite desquels des ecclésiastiques et des officiers du bailliage furent injuriés. Pierre de Serres, juge à ce tribunal, fit des informations, qu'il envoya, le 27 août, au procureur général du parlement de Toulouse, Fabry, qui en saisit cette cour souveraine, contrairement aux droits et privilèges de la chambre de l'édit de Béziers, qui devait connaître de tous les procès où les protestants étaient parties. Le substitut du procureur général de cette chambre fit donc des informations de son côté, et rédigea son procès-verbal le 6 septembre « sur la sédition arrivée... en cette ville et causée par quelques particuliers de la R. P. R., accompagnée d'une sédition extraordinaire à justice. » Ce conflit de juridiction ayant été porté, suivant l'usage, devant le Conseil du roi, celui-ci ordonna, le 15 septembre, « au premier de ses magistrats, sur ce requis..., d'enquérir diligemment, secrètement... comme aussi procéder secrètement » sur l'affaire, et d'en remettre les rapports à la cour et chambre de l'édit de Béziers. Quelque temps après, le 17 octobre, les catholiques, qui vivaient en bonne harmonie avec les protestants, convoquèrent une assemblée particulière pour aviser aux moyens de terminer le différend à l'amiable. Y assistèrent : le conseil communal d'Annonay, Jean Colomb, ancien lieutenant du bailli de la ville ; François, lieutenant de juge audit siège ; François Seigle, lieutenant en justice ordinaire au même siège ; Pierre Gauthier, ancien procureur du roi ; Jean Adam, syndic des catholiques; Nicolas Compat, notaire, et le prieur d'Annonay. Pendant qu'ils étaient réunis, le juge Pierre de Serres, dont il a été parlé plus haut, comparut au milieu d'eux et leur représenta que, la justice étant saisie de cette affaire, ils ne pouvaient en connaître ; que, d'autre part, ils n'avaient pas le droit de s'assembler sans une permission du roi ; enfin que, si les protestants voulaient, comme corps, prendre fait et cause pour les coupables, ils donneraient à une affaire particulière la proportion d'une affaire générale. En attendant, il demanda qui était le promoteur de la réunion pour qu'il pût en faire son rapport. De Jarnieux, qui avait été chargé de représenter les protestants à celle-ci, répondit que c'était lui-même, et qu'il était plus capable de terminer pacifiquement cette affaire que lui, « vieux et mal habile homme. » De Serres lui ayant donné un démenti, Jarnieux lui appliqua un coup de canne, et allait même le frapper de son épée ; mais le juge para le coup avec une chaise et se retira. Nous ignorons quelle fut l'issue de cette affaire (Poncer, *Mémoires sur le Vivarais*, t. III, p. 444-449, et Chomel, *Histoire, etc.)*

En 1626, les catholiques s'étaient beaucoup accrus à Annonay. Selon le curé Corbon, dans *Les ministres pupilles* (Tournon, 1626, in-8°), on en comptait trois mille, « parmi lesquels, » dit-il, « presque tous ceux qui sont de qualité ou de considération. »

En 1629, plusieurs prêtres et religieux vinrent abjurer le catholicisme entre les mains du consistoire, au grand mécontentement des catholiques.

Le 8 août 1665, les commissaires exécuteurs de l'édit de Nantes, Bezons et Peyremales, se partagèrent sur la question du temple. Bezons, le commissaire catholique, faisant droit à la requête du syndic du clergé du diocèse de Vienne, opina pour que l'édifice fût démoli et transporté au faubourg de La Récluserie. Le partage ne fut jamais vidé, et le temple subsista jusqu'à la révocation de l'édit de Nantes, alors que le roi en fit don à l'hôpital de Notre-Dame-la-Belle, qui le vendit 2,500 livres aux religieuses de Sainte-Marie (Filhol, t. II, p. 177).

Le 2 mai 1667, le conseil du roi annula, sur la rèquête verbale de Chapuis, syndic des religionnaires d'Annonay, les arrêts rendus par la cour des grands jours, au préjudice de ces derniers, contrairement aux édits. Nous ignorons la teneur de ces arrêts.

L'année suivante, les protestants et les catholiques d'Annonay étaient en litige au sujet du cimetière attenant à l'église Saint-Michel, car un arrêt du parlement de Toulouse, rendu en septembre de la même année, fit défense aux réformés de troubler le curé et les catholiques de la ville en la jouissance dudit cimetière (*Invent. des arch. de la Haute-Garonne*, B, 912). D'après Chomel, les protestants d'Annonay, par délibération du 13 novembre suivant, cédèrent ce cimetière au conseil communal pour agrandir la place du marché, vu que celui de la Josserande suffisait à leurs besoins.

Le 3 janvier 1672, le même parlement rendit un double arrêt portant que les consuls d'Annonay seraient mi-partie de chaque religion, et que le prieur de la ville et le curé de l'église collégiale de Notre-Dame assisteraient aux assemblées communales.

En 1673 et 1675, le secrétaire du consistoire d'Annonay était Isaac Estoile, et le syndic, Barthélemy Fournat. Les deniers du ministère et autres, qui s'élevaient à la somme de 2,027 livres 7 sols, etaient perçus par le marchand Pierre Simon, moyennant une commission de 14 deniers par livre. Les souscripteurs s'engageaient par devant notaire à payer leurs cotisations et, en cas de non paiement, ils pouvaient être poursuivis en justice jusqu'à la contrainte par corps inclusivement.

Dans une requête générale adressée au roi en 1673 par les protestants, on rappelait un arrêt de la cour des comptes de Montpellier, qui obligeait les réformés d'Annonay à payer la taille pour leur temple (Benoît, t. IV, p. 249).

Le 27 avril 1676, le syndic du consistoire s'appelait Antoine Peyron, et l'exacteur des deniers, Jean-Pierre Laurens, praticien.

En 1679, il y eut une vive discussion à Annonay au sujet du consulat. Les catholiques, s'étant beaucoup accrus dans la ville, non par des conversions, mais par des immigrations, élurent les deux consuls de leur religion, contrairement au double arrêt du parlement de Toulouse du 3 janvier 1672. Le consul protestant sortant, Jean Chomel, fit opposition à cette élection au nom de ses coreligionnaires, qui, ayant demandé en vain que l'assemblée communale nommât un protestant à l'un des deux postes, élurent eux-mêmes un des leurs, nommé Abriac. Les catholiques portèrent l'affaire devant le conseil du roi, qui cassa l'élection d'Abriac et maintint les deux consuls catholiques. Les protestants se réservèrent bien de faire parvenir leurs doléances aux pieds du roi, mais ce fut en pure perte. Louis XIV était résolu, à cette époque, à n'accorder aucune justice à ses sujets réformés (Filhol, t. II, p. 167-168).

Un catholique d'Annonay, plus plaisant que spirituel, publia contre un pasteur de cette ville, à une époque que nous n'avons pu découvrir, un écrit satirique anonyme, sans lieu ni date, intitulé : *Le martire du ministre d'Annonay mis en croix par ceux de sa religion* (7 pages in-16). Ce ministre, d'après l'auteur, aurait été poussé, par quelques-uns de ses coreligionnaires, à épouser une jeune fille d'une condition inférieure à la sienne et anciennement catholique. Quelques jours après son mariage, il serait allé faire une course avec sa femme, sa belle-mère et quatre autres jeunes filles, au couvent des pères Célestins de Colombier-le-Cardinal, qui n'auraient pas voulu le recevoir, non plus que sa compagnie. C'est cette mésaventure, qui ne faisait pas honneur à la politesse des moines, jointe au nom de *Lacroix*, que portait la jeune mariée, qui suggéra à l'auteur l'idée et le titre de son singulier pamphlet.

Davezieux, annexe d'Annonay, ne renfermait que des protestants au commencement du dix-septième siècle. D'après Filhol (t. II, p. 62-63), ils déclarèrent tous devant notaire en 1617, à l'exception de trois ou quatre familles seulement, qu'ils embrassaient le catholicisme. Ces succès auraient été dus à une mission des Cordeliers d'Annonay.

Il y avait aussi des protestants à *Clémencieu*, près d'Annonay, et à *Larrin*, près de Serrières.

Pasteurs d'Annonay : Raillet (Pierre), 1562-1572; Bollot (Pierre), 1562 ; Ducros (André), diacre, 1562; La Pize (Vincent de), 1574-1589.

Deux pasteurs à dater de cette époque :

1re série. Salvay (Jérôme de), 1596-1621 ; Ducros (Zacharie), 1620-1624; Sonory, 1657-1660; Génoyer (André), 1665: Chion, 1666; Vincent, 1667; Janvier (Pierre), prêté deux fois, en 1668 et en 1669; Crégut (Pierre), 1670-1685.

2e série. Ollier (Jean), 1600-1602; Bruni, 1601 ; Quinson (Samuel), 1604-1607 ; Le Faucheur (Michel), 1607-1612 ; Moze (Jean) 1612-1622; Giral, 1622; Vinay (Alexandre de), 1622-1670, prêté à Lyon en 1623 et 1662; Accaurat (Paul), 1670-1672.

Pour terminer cette notice sur l'église d'Annonay sous le régime de l'édit de Nantes, nous ajouterons que le synode provincial du Vivarais et du Velay s'y tint le 1er août 1623, en 1627, le 15 mai 1654, le 19 décembre 1670 et en 1680.

Quant à l'église de Boulieu, elle fut unie pendant quelque temps (1600-1607) à celle d'Annonay, mais elle forma ensuite une église particulière et eut des pasteurs en propre.

En 1644, l'église de Saint-Etienne-en-Forez se rattacha à celle de Boulieu avec le consentement du Vivarais et du Forez, mais ce ne fut que temporairement, car Saint-Etienne, qui fut adjointe, à une autre date, à l'Auvergne, finit par être incorporée à la Bourgogne. (Aymon, *Tous les synodes nationaux.)*

Depuis quatre-vingts ans, les habitants des deux religions de Boulieu vivaient en bonne harmonie et le conseil communal était mi-partie protestant et mi-partie catholique, quand des brouillons en firent exclure les protestants en 1663. Ces derniers en appelèrent à la chambre de l'édit de Castres, mais le procureur général du parlement de Toulouse, contrairement à la teneur de l'édit de Nantes, assigna les parties devant cette cour souveraine. Les protestants se rendirent à l'assignation comme les catholiques, mais uniquement pour déclarer qu'on ne pouvait les empêcher d'être jugés à Castres. Nonobstant cela, le parlement défendit aux parties, par arrêt du 4 juin 1663, de se pourvoir ailleurs que devant lui et condamna les protestants, parce qu'ils s'étaient déjà pourvus devant la chambre de l'édit, à une amende de 75 livres et aux dépens, qui s'élevaient à 448 livres 2 sols. Ces derniers en appelèrent au conseil du roi et lui demandèrent que, sans s'arrêter à l'arrêt du parlement de Toulouse, il voulût bien renvoyer les parties à Castres, sinon retenir lui-même la cause et décider que les commissaires exécuteurs de l'édit de Nantes de la province du Languedoc en jugeraient. Dans leur requête ils se fondaient sur les articles 34 et 52 de cet édit, sur l'animosité que le parlement de Toulouse avait de tout temps nourrie contre eux et sur ce que le jugement de leur cause rentrait dans les attributions desdits commissaires exécuteurs. Nous ignorons la suite de cette affaire *(Factum pour les habitants de la ville de Boulieu*, s. l. ni. d.*).*

Le 15 mai 1674, ces derniers, qui étaient Bezons et

Peyremales, rendirent un jugement de partage touchant l'exercice de la religion réformée à Boulieu. Le commissaire catholique, Bezons, opina pour qu'il fût supprimé. Il se fondait sur ce qu'il n'y avait pas plus de douze maisons qui en demandaient le maintien. Les protestants de Boulieu possédaient un temple,

Les catholiques, réunis en assemblée communale, avaient imposé plusieurs contributions sur leurs concitoyens protestants à l'effet de payer les dettes qu'ils avaient eux-mêmes contractées pour la construction et réparation de leur église et autres dépendances, dont les protestants étaient exemptés en vertu des édits et déclarations du roi. Pour obtenir justice, ces derniers se pourvurent devant la cour des aides et finances de Montpellier, qui les déchargea desdites contributions, mais sans leur concéder le droit de se faire restituer les sommes qu'ils avaient déjà versées. Ils en appelèrent au conseil du roi (1678), qui les débouta, sans doute, de leur plainte.

Pasteurs de Boulieu : Vinyer, diacre, 1576; Gaillard (François), 1582 (18 février); Quinson (Samuel), 1600-1604; Dugas (Isaac), 1609-1635; Ducros (Zacharie), 1635; Dauphin (Timothée), 1642-1643; Marchand, 1652-1654; Conin (Jean), 1656-1657; Homel (Jean), le jeune, 27 janvier 1658; Blanc (Jacques), 13 octobre 1658; Tourne (Jean de), 1663-7 avril 1664; Lacou (Siméon de), 4 décembre 1664-1665 ; De Vinay (Alexandre de) le fils, 1660-1662; derechef, 1681; Grimaudet (David), 1665-1675; Bourget (Antoine), 1675-1681.

*
* *

On possède sur les pasteurs d'Annonay et de Boulieu les renseignements qui suivent : (1)

---

(1) Plusieurs des pasteurs d'Annonay appartenant à l'histoire générale

Ducros (Zacharie). A St-Sauveur-de-Montagut, 1596-1620; desservant aussi, en 1596, Saint-Fortunat, Serres et Saint-Vincent-de-Durfort; prêté à Ajoux, 1603; titulaire à Annonay, 1620-1624; Boulieu, 1635. Il mourut peu après. — Il avait épousé Marguerite d'Allard, d'Annonay. Le synode national de Montpellier de 1598 le chargea de reviser les divers exemplaires de la *Liturgie des églises réformées*.

Sonory ou (Sonoris), au Cheylard, 1654-1657; Annonay, 1657-1660. Il se fit catholique peu après, mais nous ignorons les motifs et les détails de sa conversion. Un arrêt du conseil du roi du 12 juin 1670, relatif à Annonay, dit qu'il était étranger à la France et qu'il y eut dans l'église d'Annonay des troubles à son sujet.

Genoyer (André), né à Manosque en Provence, selon toute probabilité, fut entretenu aux frais du synode de cette province à l'académie de Genève. Nous le voyons pasteur à Riez-Roumoules de 1625 à 1635 et nous pensons qu'il le fut au Luc de 1618 à 1624. Il exerça ensuite son ministère en Dauphiné de 1648 à 1656. Il était à la tête de l'église de Saint-Alban et d'Issamoulenc réunies et de celle d'Annonay en 1665.

Chion. Envoyé à Annonay par le consistoire de Nîmes, en 1666.

Vincent. Né à Nîmes et envoyé à l'église d'Annonay par le consistoire de cette ville en 1667.

Janvier (Pierre), natif de Roybon (Rubonensis) en Dauphiné, fils de Michel Janvier, pasteur à Beaurepaire, même province, et immatriculé en 1650 à l'Académie de Genève. A Saint-Vincent-de-Barrès, vers 1653;

des protestants à cause de leur célébrité, nous renvoyons au recueil bien connu de *La France protestante* des frères Haag ceux qui désireraient posséder plus de détails sur leur biographie.

Vernoux, avant 1654; Lagorce 1656-1667; Vallon, 1667-1668; Lagorce derechef, 1670-1671; Le Cheylard, 1671-1676; prêté par deux fois à Annonay, 1668 et 1669, à raison de 500 livres de gages; Vals, 1678-1685. — Interdit par un arrêt du Conseil du roi du 4 mai 1676, Janvier demanda au synode de Baix de 1677 de lui allouer un secours pour sa subsistance, car aucune église ne lui accordait de subvention, et il avait fait de grandes dépenses pour poursuivre son rétablissement. Le synode lui alloua 550 livres pour ses gages et 50 pour ses frais. Il lui permit aussi de se pourvoir d'un poste en Vivarais ou ailleurs, quand il aurait fait lever son interdition. Réfugié à Genève à l'époque de la Révocation, il signa, le 12 septembre 1686, l'acte de réhabilitation du célèbre Jacques Pineton de Chambrun, pasteur d'Orange, et fut successivement pasteur à Genthod en 1689 et à Vandœuvre en 1701, dans le canton de Genève. Une pièce catholique dit de lui : « Le sieur Janvier, assez beau diseur, estimé superbe parmi les siens. Il prétend être le premier parmi ses confrères et a plusieurs personnes à lui, plusieurs autres aussi contre lui. Il fait quelque figure parmi les siens et a assez de talent. Pour cela fort attaché au parti. »

Crégut (Pierre), né aux Vans le 26 novembre 1647, et consacré au saint ministère en 1668. A Lagorce, 1669-1670, avec 350 livres de gages; Annonay, 1670-1685. Crégut, qui était le neveu d'Antoine Crégut, professeur à l'Académie de Die, fut incorporé au Vivarais, à la demande de Mme de Beauvoir de Saint-Florent, dame de La Bastide-de-Virac, dont l'église était adjointe pour lors à celle de Lagorce. C'était contraire à la discipline, qui ne pouvait permettre à cette dame de se pourvoir de pasteur en dehors de sa province. Quoique nommé en Vivarais, Crégut demanda, le 8 mai 1669, au synode du bas Languedoc, auquel il ressortissait, de l'agréer comme pasteur; mais la Compagnie, s'y étant refusée, blâma Mme de Saint-Florent, décida de se plaindre du Vivarais au synode général, et laissa Crégut dans cette province. Ce dernier était un homme distingué, qui s'acquitta à Annonay « de son devoir avec beaucoup d'édification et avec toute la prudence nécessaire dans ces temps difficiles, mais qu'on aurait peine à attendre de son âge. » (Man. Court, n° 17, vol. R, biblioth. publiq. de Genève). Pour le reste, voyez *La France protestante*, 2ᵉ édit.

Ollier (Jean). A Annonay, 1602. Ayant quitté cette église sans congé pour desservir celle du Mas-d'Azil dans l'Ariège, il fut recherché pour ce fait devant les synodes nationaux de Gap, 1603, et de La Rochelle, 1607. *La France protestante* l'a confondu à tort avec Pierre Ollier, de Montauban, pasteur à Saint-André-de Valborgne et à Alais dans le Languedoc. Voy. Nicolas, *Hist. de l'anc. acad. prot. de Montauban, p. 185-188.*

Bruni. A Annonay, 1601. Il renonça au ministère à cette date, et se fit avocat (Chomel, *Histoire, etc.).*

Quinson (Samuel). A Boulieu, 1600-1608; à Annonay, 1604-1607.

Le Faucheur (Michel), né à Genève vers 1586 et élève de l'Académie de cette ville. A Annonay, 1607-1612. — En 1603, Le Faucheur s'était établi comme pasteur au Bourg-Argental en Forez; puis à Dijon, à la demande du synode de Bourgogne, mais sans avoir reçu l'autorisation du consistoire du Bourg-Argental. Ayant également quitté Dijon sans congé pour accepter le poste d'Annonay, le synode de Bourgogne crut devoir le réclamer au synode général de la Rochelle de 1607; mais la Compagnie, considérant que Le Faucheur s'était déjà rendu à Dijon sans autorisation, ce qui frappait de nullité les droits de cette église, le laissa à celle d'Annonay, malgré d'autres vocations qui lui avaient été adressées par les églises de Paris, Sedan, Grenoble et Montpellier. Cette dernière église fut même censurée par le synode général de Privas (1612), pour avoir recherché Le Faucheur par des moyens peu convenables et obliques. L'église d'Annonay fut aussi censurée par le même synode, parce qu'elle avait fait, à ce propos, « un pacte illicite » avec Montpellier. — Le Faucheur était depuis un an à peine à Annonay, quand les syndics et conseils de Genève, se fondant sur ce qu'il était né dans leur ville, le demandèrent comme pasteur. Le consistoire d'Annonay, plein de déférence pour Messieurs de Genève, qui leur avaient député le conseiller Sarrasin, décida de donner à Le Faucheur son congé, si le synode du Vivarais estimait qu'il le pût et le dût; mais il faisait remarquer qu'il ne pouvait se départir du droit qu'il avait sur ce pasteur sans violer la discipline, et que, dans tous les cas, il faudrait que Le Faucheur fût remplacé pur un « autre et suffisant pasteur en doctrine et en mœurs » (janvier 1609). Un peu plus d'un mois après (16 février), le consistoire d'Annonay, qui appréciait de plus en plus les mérites de Le Faucheur, députa à Messieurs de Genève Isaac Dugas, pasteur à Boulieu, pour tâcher d'obtenir leur désistement. Il disait dans sa lettre d'envoi, que l'église d'Annonay était entourée de quatre séminaires catholiques « des plus pernicieux qui soient en France, » qui souhaitaient le départ de Le Faucheur, et qu'avant la venue de ce dernier, les jésuites prêchaient sur les places et lieux publics d'Annonay, ce qu'ils n'osaient faire maintenant (Mss. 197[aa], portef. 6, de la biblioth. publ. de Genève). La mission de Dugas paraît avoir eu un plein succès, car Le Faucheur demeura à Annonay jusqu'en 1612, époque où il passa au service de l'église de Montpellier. Pour le reste, voy. Corbière, *Hist. de l'égl. réf. de Montpellier*. p, 16, 170; *La France protestante*.

Moze (Jean), né à Nyons en Dauphiné et reçu au saint

ministère en 1608, fut successivement pasteur à Veynes de 1608 à 1611, à Montélimar par intérim en 1611 et à Annonay de 1612 à 1622, année de sa mort.

GIRAL fut nommé à Annonay à la mort de Moze.

VINAY (Alexandre de), docteur en théologie, fils du pasteur Pierre de Vinay, natif de Loriol, reçu au saint ministère en 1613, pasteur à Loriol de 1613 à 1617 et à Crest de 1617 à 1622. A cette dernière date, violemment persécuté par les catholiques de Crest et en danger de perdre la vie, il accepta le poste d'Annonay, qui lui fut offert par les protestants de cette ville, dont le pasteur Moze était gravement malade et mourut peu après. Il demeura à son poste jusqu'à sa mort survenue en 1670. Il fut prêté pendant ce temps deux fois à Lyon en 1623 et 1662, député aux synodes nationaux de Castres 1626 et d'Alençon 1637, et demandé sans succès par l'église d'Anduze au synode national de Charenton de 1623. Il était marié à Jeanne Reymond, fille de Simond Reymond, marchand à Annonay. Il a publié un sermon dont voici le titre : *Sermon d'Alexandre de Vinay, ministre du St-Evangile à Annonay. Prononcé à l'ouverture du synode de Vivaretz, tenu à Privas au 15 d'août de l'année 1651, sur les paroles du chap. 2. de la I Epitre de S. Pierre, verset 17*, etc., 1615, in-8° (s. l.) — D'après l'*Histoire* de Chomel, il publia aussi un livre contre Sarrasin, pasteur, qui avait émis des propositions contraires à la doctrine des églises réformées. C'est vraisemblablement Paul Sarrasin, ministre en Quercy et en Bourgogne et déposé (*La France protestante*, t. IX, p. 143).

Alexandre de Vinay, pendant qu'il était pasteur à Crest, eut avec le jésuite Pierre Biard, une conférence, dont les actes du synode provincial de Gap, en 1619, parlent en ces termes : « Le sieur de Vinay ayant représenté « à cette compagnie qu'il a eu quelque conférence avec

« le jésuite Biard, de laquelle il a des copies, re-« quiert à cette compagnie qu'il lui plaise commettre « quelques-uns pour l'examiner, afin que si elle est « trouvée digne de voir la lumière, il la fasse imprimer. » Les commissaires chargés de l'examen furent les pasteurs Vulson de la Colombière, de Die; Petit, du Buis et Félix, de Romans. Ils ne paraissent pas toutefois avoir eu le loisir de s'occuper de cette affaire, car elle fut remise au colloque du Valentinois, auquel Vinay ressortissait. Le jugement du colloque ayant été favorable, l'auteur publia sa *Conférence*. Elle parut à Die selon le *Mercure réformé* (p. 227) et a échappé à nos recherches.

Quelque temps après, de Vinay soutint une autre *dispute*, nous ne savons avec quel antagoniste. Nous apprenons seulement par les actes du synode provincial de Briançon, de l'an 1620, qu'il demanda quelques secours pour l'impression de son manuscrit, attendu qu'il avait publié à ses frais sa conférence avec Biard. Avant d'accéder à son vœu, le synode commit les pasteurs Martinet, de Die; Petit, du Buis et Bacuet, de Besse-en-Oisans pour examiner son livre. Nous ne savons où et quand il fut imprimé, et même s'il fut imprimé.

Quelque temps après, Isnard et Jaquinot, jésuites de Die, croyant avoir gagné à leur cause le procureur de la sénéchaussée de Crest, qu'ils obsédaient depuis longtemps, celui-ci désira de voir aux prises lesdits jésuites avec Alexandre De Vinay, et provoqua une dispute, où les champions des deux partis firent valoir les raisons de leurs croyances. Isnard et Jacquinot avaient accepté avec joie la conférence proposée par le procureur, car ils estimaient que ce dernier était très ébranlé et embrasserait la foi catholique après la dispute; aussi furent-ils fort surpris quand le procureur, dès l'entrée du débat, « protesta qu'il n'avait jamais mis en doute la « vérité de la religion réformée pour la mettre en com-

« promis, et que ce qu'il en faisait ne tendait qu'à la « faire mieux connaître. » De Vinay publia la relation de la conférence sous ce titre : *Le jésuite démasqué contenant la dernière conférence tenue à Crest entre A. De Vinay, pasteur, et J. Isnard, jésuite ; ensemble un traicté sur l'infaillibilité du pape.* A Dye, 1621, in-8°, 104 pag. Isnard répondit par le livret suivant : *La défense de l'infaillibilité du Sainct-Siège contre les accusations d'A. De Vinay, ministre, comprinses en son traité contre l'infaillibilité du pape, par un sien compatriote dauphinois ;* Tournon, 1622, in-8°.

Alexandre de Vinay eut une conférence plus sérieuse encore à Annonay.

Un chirurgien protestant d'Annonay, nommé Cadet, se trouvant un jour chez M. du Peloux de Vogué, ce dernier, qui était un zélé catholique, « l'exhorta », dit Chomel (1), « comme son voisin et homme qu'il estimait, à abandonner le schisme, et à se réunir à la religion catholique, lui apportant, par des motifs plus pressants, que la prétendue reformée était tout-à-fait opposée aux sentiments des Saints Pères et des anciens docteurs de l'Eglise. »

Cadet s'étant hâté de rapporter à Alexandre de Vinay, pasteur d'Annonay, le propos de du Peloux, de Vinay, qui était jeune, savant, spirituel et hardi, remit au chirurgien, pour du Peloux, le cartel suivant : « Je soussigné, ferai voir à quiconque le désirera, qu'aux quatre premiers siècles ces pères ont tenu la même doctrine que tiennent les églises réformées de France, ainsi qu'elle est contenue aux articles de la Confession présentée au roi François II. A Annonay, le 12 novembre 1624. Vinay. »

« Cadet, » dit Filhol, « porta aussitôt ce billet au

---

(1) *Annales de la ville d'Annonay* (manusc.).

sieur Bayle, médecin catholique, pour qu'il le communiquât aux jésuites en résidence à Annonay, et qui se trouvaient être alors les RR. PP. Jean François Martincourt et La Roche. Le P. Martincourt n'eut garde de refuser un pareil défi, et on s'entendit de part et d'autre pour négocier une dispute publique. Cependant, comme elle ne pouvait avoir lieu sans la permission de Just Henri, comte de Tournon et de Roussillon, bailli du Vivarais, les catholiques se chargèrent de faire les démarches nécessaires pour l'obtenir. Elle fut d'abord refusée à cause des troubles qui agitaient alors la province, mais les catholiques étant revenus à la charge et ayant promis au bailli que la paix n'aurait pas à en souffrir, et que tout se passerait avec calme, celui-ci finit par accorder l'autorisation demandée. On choisit en conséquence quatre commissaires, chargés de rédiger le règlement à suivre dans la tenue des conférences. Les catholiques désignèrent à cet effet Pierre Dodin, docteur en droit et avocat au bailliage d'Annonay, et Louis Caron, docteur en médecine. Les protestants, de leur côté, élurent André Fournier, sieur de Matré, et Isaac Gautier, sieur de Gourdanel, avocat et auditeur des comptes au même bailliage. Il fut décidé que la réunion se ferait le lundi, le mardi et le mercredi de chaque semaine, depuis midi jusqu'à cinq heures du soir, dans la maison et sous la présidence d'Antoine Seigle, conseiller du roi et lieutenant du bailli ; que les consuls de la ville y seraient admis, ainsi que les officiers ordinaires du marquisat d'Annonay, en pareil nombre de part et d'autre, et, de plus, quinze personnes de chaque religion, sans compter deux modérateurs, Jean de Colomb, conseiller du roi, et Isaac Gautier, dont la fonction serait de veiller à l'observation du règlement; deux secrétaires, Louis Grangeon, curé régulier, et A. Faucher; deux vice-secrétaires, Garlier et P. Léorat, et deux vérificateurs, chargés de constater l'exactitude des textes et passages allégués, à savoir le P. La Roche pour le P. Martincourt et le sieur [Zacharie] Ducros, ministre à Annonay, pour le sieur de Vinay.

« Les débats commencèrent le 10 décembre 1624 et finirent le 25 février de l'année suivante. Ils occupèrent vingt-cinq séances, dont seize furent consacrées à examiner, d'après le témoignage des quatre premiers siècles de l'Eglise, si les saintes Ecritures étaient l'unique règle de foi, à l'exclusion de la tradition, en ce qui concerne les décisions suivantes : le jeûne du carême, l'honneur de la croix, le culte et l'invocation des saints, l'autorité de l'Eglise, des Pères, des conciles et du pape. Dans les neuf autres, on traita de la présence réelle de Jésus-Christ dans l'Eucharistie et de la transubstantiation. »

Les séances furent brusquement interrompues le 25 février 1625, à la suite de quelques propos un peu vifs échangés entre les partisans des deux religions et d'un tumulte excité au dehors par des gens étrangers à la conférence. Effrayé des désordres qui auraient pu s'ensuivre, le lieutenant du bailli ordonna la cloture de la dispute dont de Vinay publia le procès-verbal sous ce titre : *Actes de la Conférence tenue à Annonay depuis le X. Décembre M. DC. XXIV. jusqu'au 25 febvrier 1625. Entre Alexandre de Vinay, Ministre de la Parole de Dieu, et Jean François Martincourt, jésuite*, etc ; Genève, 1626, un fort volume in-12.

Martincourt ayant été changé de résidence, Guillaume Courbon, curé d'Annonay, répondit à ces *Actes*, que de Vinay avait accompagné des réflexions personnelles, par la publication de l'opuscule suivant, qu'il fit paraître sous le pseudonyme de François de St-Rivière, curé de Sainte-Foy-lès-Annonay : *Les Ministres pupilles et sans pères, ou la preuve de leur religion. Contre les efforts d'Alexandre Vinay, Ministre, voulant soutenir la conformité de la nouvelle créance avec la commune doctrine des anciens Pères en la conférence d'Annonay* ; Tournon, 1626, in-8°.

On publia aussi contre les *Actes* de de Vinay l'ouvrage suivant : *De la nullité des témoignages allégués par le ministre de Vinay, en la conférence d'Annonay*, in-8°. Le titre manquant dans l'exemplaire mis à notre disposition, nous ne pouvons donner ni le lieu d'impression, ni la date de ce dernier.

La conférence d'Annonay amena la conversion au catholicisme de quelques gentilshommes et de quelques dames. Ce furent, d'après Chomel, les sieurs de Munas, Androl de Boulieu, juge de Serrières, et sa femme, née Peyron ; Antoine Gamon de La Lombardière, avocat, fils du célèbre Achille Gamon ; Colombet, capitaine ; de Blancas ; Mmes Seigle, de Perse, de Chomeses ; Mlles de Granges, de La Colonge, « et quelques autres d'un nom et d'une condition moins remarquables. »

Accaurat (Paul), natif de Privas. A Saint-Vincent-de-Barrès, 1620 ; Aubenas, 1623-1628 ; Privas 1637-1663 ; Tournon-lès-Privas, 1663-1664 ; Le Pradel, 1667-1669 ; Annonay, 1670-1672. Député aux synodes nationaux de Castres (1626) et de Charenton (1644). — Accaurat, pour avoir exercé son ministère à Tournon-lès-Privas après le bannissement des protestants de Privas, fut interdit de ses fonctions par arrêt du conseil du roi du 29 juillet 1664, assigné en personne devant ledit conseil et exilé de la province du Languedoc. L'assignation fut pourtant retirée, vu l'âge d'Accaurat, qui avait soixante et dix ans, et son procès renvoyé au jugement de l'intendant du Languedoc. Ce dernier lui rendit justice. Il leva l'interdiction qui avait duré dix-huit mois, mit fin à son exil qui remontait à neuf, et lui permit de reprendre les fonctions de son ministère dans le Vivarais et en telle église qui lui adresserait vocation. Constantin, seigneur du Pradel, ayant demandé à cette époque à Accaurat de desservir son église de fief, il accepta. C'était vers le mois de janvier 1667. De nouvelles tribulations l'attendaient dans cette nouvelle église. Les protestants des églises de Villeneuve-de-Berg, Mirabel et Saint-Pons, qui avaient été dépouillées de leur droit d'exercice et se trouvaient à proximité de Pradel, furent heureux de s'y rendre et y vinrent en foule. « Ce que les prêtres et moines, dit Accaurat, ne pouvant souffrir ni aussi empêcher, au lieu de se pourvoir devant les commissaires établis pour l'exécution de l'édit, qui étaient les seuls juges compétents, recoururent à la cour des grands jours, séant pour lors en la ville du Puy, et depuis en celle de Nimes ; laquelle cour, sans examiner si c'était une affaire qui dépendit de sa juridiction et si ce gentilhomme avait droit de faire prêcher dans sa maison, décréta, à la requête des prêtres et contre toute forme, prise de corps contre ce gentilhomme et moi, pour laquelle prévenir et empêcher des inconvénients plus grands qu'il fallait appréhender, ayant à faire à des juges et parties, nous allâmes promptement nous remettre dans les prisons de Nimes, ès quelles nous fûmes détenus l'espace de quinze jours (sans toutefois souffrir autre incommodité que la privation de liberté, l'accès ayant été toujours libre et la porte ouverte à ceux qui nous venaient visiter), dans une chambre séparée des autres prisonniers, qui, quoique au nombre de septante ou quatre-vingts, étaient tous pêle mêle en confusion; après lesquels quinze jours nous eûmes la ville pour prison libre, laquelle dura cinquante-deux jours, quelles instances pressantes que nous fissions pour être jugés. Enfin l'issue fut que Messieurs nos juges, par honneur et afin qu'on ne dît qu'ils nous avaient emprisonnés sans sujet, condamnèrent Monsieur du Pradel et moi à 100 livres d'amende chacun, sans toutefois exprimer dans leur arrêt en quoi ils trouvaient que nous eussions délinqué, ni pourquoi ils nous infligeaient cette peine-là, car l'injustice eut été visible. » L'arrêt, rendu le 7 février 1667, accusait seulement Accaurat et du Pradel d'avoir contrevenu aux déclarations de Sa Majesté, arrêts de son conseil et autres jugements, sans en citer un seul. Les juges visaient sans doute l'article 3 de la déclaration du 2 avril 1666, portant que l'exercice dont jouissaient les seigneurs protestants n'aurait aucun caractère de publicité ; mais l'édit de Nantes, article 7, permettait à ces seigneurs d'avoir ledit exercice « tant pour eux, leur famille, sujets, qu'*autres* qui y voudront aller. » L'arrêt de Nîmes, s'en tenant à la déclaration du 2 avril, défendit à Pradel et autres gentilshommes, ayant droit de faire l'exercice de la religion réformée, de le faire ailleurs que dans les salles ou chambres de leurs maisons, et sans aucune marque d'exercice public ; et à Accaurat et autres ministres de faire le prêche en divers lieux, ni dans les rues ou sous les arbres, ni ailleurs que dans les lieux de leur résidence, à peine de 4,000 livres d'amende (1).

Dugas (Isaac), natif de Bourgogne et immatriculé à l'Académie de Genève, en 1604, comme candidat à la sainte théologie.

Dauphin (Timothée), fils de pasteur. A Boulieu, 1642-1643 ; Chalencon, 1654-1659 ; Saint-Michel-de-Chabrillanoux, 1664 ; Vernoux, 1669 ; Champérache, 1669 ; Saint-Alban, 1671-1672 ; Châteauneuf-lès-Vernoux, 1678. Il avait épousé, le 3 janvier 1669, à l'âge de quarante-cinq ans, Marie Ponton. Pendant qu'il était à Champérache, des plaintes ayant été portées contre lui, le synode de Vallon de 1669 chargea le pasteur du Pouzin et un ancien de faire des informations. Le synode de Vals, 1673, ne les ayant pas trouvées concluantes, en

(1) Beaudoin, p. 110, 111. *Bulletin de la Société, etc.* t. XXV, p. 365 366. *Lettre d'Accaurat à la Cie des pasteurs de Genève du 18 juillet 1667* (manusc. franç., 197aa, portef. 11, de la bibl. publ. de Genève).

ordonna de nouvelles, qui aboutirent à la suspension de Dauphin par le synode du Cheylard de 1674. Le synode de Vals lui avait donné un congé d'un an. Dauphin ayant demandé à celui de Desaignes de 1675 de lever la suspension prononcée contre lui, la Compagnie accéda à son vœu, à condition « qu'il ne se mêlerait plus, à l'avenir, d'aucun trafic mécanique et qu'il ne prendrait plus aucune afferme directe ni indirecte : ce qui avait été le motif de sa suspension. » Il était mort en 1681.

Marchand (J.). A Gluiras, 1629-1637; Boulieu, 1652-1654 ; Gluiras, 1654-1657. A cette dernière date, il était âgé et malade.

Conin (Jean), natif de Mâcon, étudiant de l'Académie de Die, consacré au saint ministère en 1654, et prêté au Vivarais par la province de Bourgogne. A Boulieu, 1656-1657. Le synode de Vernoux de 1657 le censura parce qu'il n'avait pas cédé sa place au pasteur David de Chanal, qui lui avait été donné pour successeur par le synode de Privas de 1656. Il demanda et obtint son congé, mais il promit de rentrer plus tard dans le Vivarais s'il y trouvait une place vacante et dans le cas où la Bourgogne ne pourrait l'occuper. Il avait été déjà prêté à Lyon en 1654 et à Cessy, pays de Gex, la même année.

Homel (Jean) dit le Jeune, neveu, croyons-nous, du célèbre pasteur Isaac Homel, né vers 1637 et proposant en 1657. A Boulieu, 1658; Vals et Aubenas réunies, 1660 ; le Chambon, 1668-1669; Gluiras, 1669-1677 ; Le Pouzin, 1677-1683. Arrêté à la suite du mouvement insurrectionnel de 1683, on l'accusa, non pas d'avoir prêché dans des lieux interdits, mais d'avoir donné asile dans sa maison à des rebelles du Vivarais et du Dauphiné, qui y auraient tenu plusieurs conciliabules. Il fut d'abord enfermé au château de Tournon, où on le retint prisonnier sept années, puis au fort neuf du Pont-Saint-Esprit, et enfin au fort Brescou. Il était encore détenu en 1713. Une pièce catholique le dit « un ministre de fort petite capacité. »

Blanc (Jacques). Au Chambon, 1654-1657 ; Boulieu, 1658 ; Vernoux, 1670-1672, année de sa mort. Il appartenait à une famille de pasteur.

Tournes (Jean de), né à Genève vers 1654 et fils du célèbre imprimeur de ce nom. A Boulieu, 1663 7 avril 1664 ; Le Chambon, 1664 ; le Pouzin, 1669-1670. A cette dernière date, le roi, par une lettre de cachet du 15 novembre, lui ordonna de cesser ses fonctions parce qu'il était étranger. De Tournes ayant montré au commissaire du roi, qui assistait au synode d'Annonay du 19 décembre 1670 et qui lui signifia la lettre de cachet du roi, un brevet du 12 juillet 1667, l'autorisant à exercer le ministère en France, le commissaire lui fit remarquer que ce brevet était antérieur à la lettre de cachet, et de Tournes dut retourner à Genève. Pour le reste, voyez *La France protestante*, t. IX, p. 393.

La Cou (Siméon de), A Saint-Voy 1660 ; à Boulieu 1664-1665.

Vinay (Alexandre de), fils du pasteur de même nom et beau-frère par sa sœur du pasteur Antoine Bourget, de Boulieu. A Boulieu, 1660-1662 : Le Pouzin, 1671-1672 ; Boulieu, derechef, 1681-1685. — De Vinay, ayant eu, ainsi que son père, « de fréquents chagrins et de long ennuis » dans l'exercice de son ministère, demanda un entier congé au synode de Chalencon de 1672 « dans la vue de travailler à l'expédition de toutes ses affaires domestiques et de chercher de l'emploi dans quelqne autre province. » La Compagnie, ne voulant pas se priver définitivement de ses services, lui accorda seulement un congé d'une année. Ayant renouvelé sa demande au synode de Vals de 1673, celui-ci se borna à lui donner un second congé d'une année. Le synode de Cheylard de 1674 lui permit pourtant de chercher un autre poste hors de la province, mais à la condition que, si ses démarches restaient infructueuses, il y rentrerait. Celui de Desaignes, en 1675, alla plus loin et lui permit de quitter le Vivarais sans condition ; mais quand Vinay, qui n'avait pas encore réglé ses affaires, demanda au synode de Baix en 1677, de bonnes attestations de sa conduite, la Compagnie, irritée de sa longue inactivité pastorale et croyant qu'il voulait renoncer au ministère, les lui refusa en disant qu'il était « indigne d'en recevoir. » Vinay, qui ne méritait pas une mesure si sévère, adressa au synode de Vernoux de 1678 une sommation, reçue de Me Baud, notaire, le 15 septembre 1678, où il disait en substance : « S'il se fût agi de flétrir le plus grand des scélérats, un scandaleux énorme, un infâme, un anathème, il n'était pas possible de le faire par une expression plus forte. C'est pourquoi le sieur de Vinay, ne pouvant pas laisser son honneur dans la flétrissure, portée par ledit article, et considérant, d'ailleurs, que par ce moyen son entier congé demeurera infructueux, puisque les synodes précédents ne lui ayant pas délivré des attestations favorables, il lui deviendra impossible de trouver une Eglise soit en France soit à l'étranger ; somme de nouveau le synode de Vernoux de révoquer l'article en question et de rédiger dans son registre moderne son entière révocation. Et, en cas de refus, le sieur de Vinay notifie dès à présent au synode qu'il en appelle au prochain synode national, déclarant qu'il y prendra toute conclusion qu'il verra bon être et qu'il y poursuivra la cassation dudit article. » Ému par cette sommation et sur ce que les députés d'Annonay dirent que Vinay n'entendait nullement abuser de son congé, le synode consentit à lui accorder les attestations qu'il demandait, mais à la condition qu'il prendrait une Eglise avant la tenue du prochain synode particulier. Ce n'était pas la solution que désirait Vinay; aussi son beau-frère, le pasteur Antoine Bourget, de Boulieu, en appela-t-il au synode national. Celui-ci ne se réunit pas, mais nous voyons Vinay nommé pasteur à Boulieu, en 1681, pour remplacer Bourget, obligé de s'occuper du règlement de ses affaires domestiques.

Grimaudet (David), natif de Montélimar et immatriculé à l'Académie de Genève le 15 mars 1658, proposant en 1664. A Salavas, 1664; Boulieu, 1665-1675; Charmes, 1677-1678; Le Pradel, 1678-1681; Desaignes, 1681-1683. En 1675, Grimaudet était malade et demanda au synode de Desaignes, réuni cette même année, de lui accorder un congé. La Compagnie accéda à son désir à condition que, lorsqu'il serait rétabli, il reprendrait ses fonctions. A la suite du mouvement insurrectionnel de 1683, il fut condamné aux galères, et apostasia en 1689 pour recouvrer sa liberté. Sorti de France à cette époque et réfugié à Amsterdam, il pleura sa faute; reçut, le 17 juillet, un témoignage de confiance, et se retira à Londres, où il signa, en 1691, une *Déclaration*, qui fut imprimée, contre l'accusation de socinianisme, dont les ministres réfugiés furent les objets de la part de l'évêque de Londres. Voyez *La France protestante*, t. IX, p. 147; Gagnebin, *Pasteurs de Fr. réfug. en Hollande*, p. 27.

Bourget (Antoine), fils de Jacques Bourget, marchand d'Annonay, docteur en théologie. A Chalencon, 1662-1664; Desaignes, 1664-1675; Boulieu, 1675-1681. Il avait épousé, le 24 septembre 1668, Marie de Vinay, fille d'Alexandre de Vinay le père, pasteur à Annonay. Nous possédons de lui les deux manuscrits suivants: *Abrégé des visites charitables de M. Drelincourt*, suivi de quelques prières, petit in-4°; *La catéchisme expliqué*, petit in-4°.

* * *

Les jeunes gens protestants d'Annonay qui étudièrent à l'Académie de Genève pendant la période de l'édit de Nantes et après, furent :

1654, Mars, Jean Pascal.

1671, Gédéon Léorat.

1678, Hugon Marcha, étudiant en philosophie.

1694, Isaac Tourton.

1719, 21 juin, Antoine La Grangette, étudiant en philosophie.

1734, 3 juin, Barthélemy Alléon (1).

Ceux qui étudièrent à l'Académie protestante de Die furent :

1610, Jean Héra, 1re classe du collège.

» Pierre Léorat, 2e classe.

» Louis Blache, 3e classe (2).

---

(1) *Le livre du recteur*, Genève, 1860, in-8°.

(2) *Conclusions du Sénat académique de Die* (Arch. dép. de la Drôme, D, 52, 53).

LE DÉSERT

1685-1791

Pour obtenir de Louis XIV la révocation de l'édit de Nantes, ses conseillers ou plutôt ses complices, lui avaient persuadé que le nombre des protestants convertis était considérable. « Nos soins, » dit-il-lui-même dans le préambule de l'édit révocatoire, « ont eu la fin que nous nous sommes proposée, puisque la meilleure et la plus grande partie de nos sujets de ladite R. P. R. ont embrassé le catholicisme. » Le roi en concluait hypocritement que, puisqu'il n'y avait plus ou presque plus de protestants dans son royaume, tout ce qui avait été précédemment ordonné en leur faveur devenait inutile et que, pour effacer la mémoire des troubles passés, il ne pouvait mieux faire que de révoquer entièrement l'édit de Nantes.

Louis XIV laissa toutefois aux protestants qui n'avaient pas abjuré à la date du 18 octobre 1685, la liberté du for intérieur, mais cette faible garantie n'était qu'un leurre décevant. Il voulait qu'il n'y eût plus désormais qu'une seule religion en France et il ne recula devant aucun moyen, si violent et cruel fût-il, pour arriver à son but. Les dragonnades furent l'un de ces moyens.

Désespérant à tout jamais de voir de meilleurs jours, les protestants, qui avaient commencé d'émigrer dès 1666 et qui continuèrent à le faire plus nombreux à dater de 1681, malgré les défenses royales les plus sévères (1), quittèrent la France par milliers après la révocation.

Les protestants du Vivarais imitèrent leurs frères des autres provinces du royaume et s'expatrièrent en grand nombre, mais les frontières étaient gardées et plusieurs d'entre eux furent arrêtés.

Signalons, à propos de ces émigrations, le zèle hardi, digne d'une meilleure cause, d'un magistrat catholique, Jean Fourel (2), procureur du roi au bailliage d'Annonay, qui fit tout exprès le voyage de Genève et du pays de Vaud pour obliger un certain nombre d'Annonéens à rentrer en France. Muni d'un certificat de la Cour d'Annonay et d'un autre de l'archevêché de Vienne, il se rendit d'abord à Genève auprès de Dupré, résidant de France, qui lui accorda sa protection, et passa de là dans le pays de Vaud, où se trouvaient plusieurs de ses compatriotes fugitifs et où il faillit être arrêté à la suggestion d'Isaac Sagnol, dit Lacroix, ancien pasteur de Crest. Fourel ne réussit pas comme il l'aurait cru. Il fut obligé de faire trois voyages en Suisse, et ce n'est qu'au dernier, pendant lequel il garda l'incognito, qu'il parvint à grand'peine à ramener Simon Veyre et Madeleine Guéron sa femme, Barthélemy Veyre son fils et Anne de Montchal sa femme, Catherine Veyre sa fille, mariée à Gédéon Léorat, avocat. Ce dernier demeura encore quelque temps en Suisse pour retirer l'argent qu'il y avait placé. Cette famille, qui séjourna deux années hors de France, avait déjà abjuré le protestantisme à la révocation de l'édit (3).

---

(1) Août et 2 octobre 1669; janvier 1670; 18 mai et 14 juillet 1682. Ces défenses furent renouvelées le 11 février, le 13 septembre, le 26 avril et le 7 mai 1686, le 24 juillet 1705, le 18 septembre 1713.

(2) Fils de Jean Fourel et de Jeanne Léorat, se disant écuyer, consul d'Annonay en 1680, mort le 13 septembre 1692. C'était un esprit processif, intéressé et ambitieux.

(3) Documents communiqués par Mad. Dobler-Alléon. — D'après Cho-

Les protestants d'Annonay, qui se réfugièrent à l'étranger pendant la période du Désert et avant et dont nous avons retrouvé les noms, sont les suivants :

Réfugiés à Genève

1° *Reçus habitants* (1).

1557, 29 mars. Hugues Morin,
» 5 avril. Antoine Chabert, le jeune.
» 26 avril. Louis de Brunaire, imprimeur.
» 15 octobre. Antoine Moreton, tanneur.
» 18 » . Michel Loyal.
1559, 20 mars. Claude Bonnaire (ou Bouvaire), fileur de soie.
» 8 mai. Matthieu Marca, tisserand.
» 17 juillet. Jean Bonier (ou Bouvier).
» 18 décembre. Jean Briançon, tanneur.
1572, 20 octobre. M^tre^ Pierre de Cussonel.
» 31 » Maturin Judi, avocat.
» » » Thomas Ducros, de Monetier, près d'Annonay.
» 7 novembre. Claude Chomel.
» » » Barthélemy Varnasson, cordonnier.
» » » Jean Pensière, tanneur.
1585, 4 octobre. Jean, fils de Jean Montmiral, chapelier.
» 20 décembre. Jean Floud (ou Flond), drapier.
» » » Barthélemy Fauger, laboureur.
1586, 28 mars. André Flot, sergier.
1685, 4 septembre. Gougeon Jacques, relieur de livres.
» 28 » Rignol Jean, cordonnier.

---

mel, un tiers des habitants d'Annonay se convertit au catholicisme, un tiers émigra, et le dernier tiers demeura fidèle à sa foi.

(1) *Registre... des estrangiers* (Arch. de l'hôtel de ville de Genève).

1689, 15 octobre. Borgel Etienne, marchand.
» 30 décembre. Ministrier Paul.
1701, 15 février. Boulier de Beauregard Alexandre.
1705, 28 février. Combaroux François, peintre.
1708, 28 août. Paret Théophile, chapelier.
1708, 29 septembre. Montillon Jean.
1715, 21 janvier. Johannot Mathieu, droguiste.
1716, 21 novembre. Roche Jacques, maréchal.
1725, 15 mai. Bourget Jacques, chapelier.
1742, 6 août. Pagot Etienne, tanneur.
1749, 19 avril. Lagrange François.
1756, 12 novembre. Montelin Baptiste, serrurier.

2° *Reçus bourgeois* (1)

1538, 29 janvier. Pierre Gurin.
1579, 6 mars. Barthélémy Vidalon, fils de Claude.
1697, 26 janvier. Sieur Etienne, fils de feu Théophile Bourguet, avec Isaac, Nicolas et Etienne Bourguet, ses trois fils.
1705, 22 avril. Sieur Jean, fils d'Étienne Chomel.
1771, 25 juin. François Lagrange, fils de feu André Lagrange, avec Pierre Barthélémy, son fils.

Réfugiés dans le pays de Vaud

1552, 14 janvier. Louis Chabol.
1688, 25 mars. B. Montillon, ancien de l'Eglise.
1688, 25 mars. Gloray.

Réfugiés en Allemagne au 31 décembre 1700 (2)

A Cologne

Le sieur Pierre André Chomel, gantier, sa femme et un compagnon.

---

(1) *Livre de bourgeoisie* (Arch. de l'hôtel de ville de Genève).
(2) Manuscrit de la biblioth. de l'hist. du prot. franç.

Le sieur Pierre Archimbaut, lecteur, et un enfant.

A La Villeneuve

Le sieur André Lacour, chirurgien.

A Magdebourg

Josué Plan, blancher, sa femme et un compagnon.
La veuve de Christophe Plan et un enfant.
Pierre Perrin, blancher, sa femme, deux enfants et un compagnon.

Fugitifs arrêtés a Grenoble de 1685-1687

1685, 6 décembre. Noble Jean Pierre de Mure et son valet Peyron.
1686, 27 mars. Pierre de Vinay, avocat.
1686, 6 avril. Antoine Laurent, médecin, et Marguerite de Vinay, sa femme.

Réfugié du mouvement insurrectionnel de 1683

Nicolas Marcha.

*
* *

Les biens de tous ces réfugiés furent confisqués. D'après le relevé qu'en firent les employés du fisc, ils s'élevaient à la somme, énorme pour le temps, de 82,761 livres.

Les biens de l'église réformée d'Annonay furent également saisis. Leur estimation est portée à 2900 l. par les pièces du temps (1).

(1) Arch. de l'Hérault, C, 276, 278, 309.

* *
*

Un des moyens de persécution le plus fréquemment mis en œuvre pour ramener les protestants au catholicisme fut les enlèvements d'enfants, qu'on pratiquait surtout à l'égard des familles riches ou aisées. Au mépris des droits les plus sacrés de la nature, on plaçait ces enfants de vive force dans les collèges, les couvents et les maisons de propagation de la foi. Que s'ils avaient été cachés pour être soustraits aux agents du pouvoir, on ordonnait à leurs parents de les ramener dans la huitaine, et malheur à eux s'ils n'obéissaient point ; ils pouvaient s'attendre aux châtiments les plus sévères. Plusieurs familles protestantes d'Annonay eurent tout spécialement à souffrir de ces violences. Le document qui suit en fait foi :

Justine Demeure, fille de noble François Demeure, est enfermée dans le couvent de... par ordre de Bâville du 10 mars 1700.

Par ordre de même date, du même, Marie et Claire de Lagrange, filles de Louis de Lagrange, sont enfermées dans le couvent de Notre-Dame-d'Annonay ; — Isabeau Baron, fille de Barthélemy Baron, procureur du roi ; Marguerite de Fornier, fille de noble André de Fornier ; Marie Lagrange, fille de Théodore Lagrange ; Jeanne et Isabeau Rignol, filles de Jean Rignol ; Jeanne Alléon, fille de feu Jean Alléon, dans le couvent de Sainte-Claire-d'Annonay ; — Isabeau Chomel, fille de feu Jean Chomel, expert ; Jeanne Paret, fille de feu Antoine Paret, dans le couvent de... à Vienne.

Lucrèce d'Arbalestrier, femme de noble André de Fornier (nommé plus haut), reçoit l'ordre, le 17 juillet 1700, de François Barbier, sergent royal, de représenter Marguerite de Fornier (nommée plus haut). — Il suit de là que cette jeune fille avait pu échapper à l'ordre de Bâville.

Armand de Montmorin de Saint-Hérem, archevêque de Vienne, tout grand personnage qu'il fût, ne dédaignait pas de s'occuper en personne de la conversion des enfants protestants d'Annonay, qui ressortissait à son diocèse; mais les parents de ces derniers lui causaient quelquefois de véritables déboires. C'est ainsi qu'en mars 1700, ayant voulu se rendre à Annonay pour leur faire des remontrances sur ce qu'ils n'envoyaient pas leurs enfants à l'église catholique, il apprit qu'ils avaient éloigné tous ceux-ci de la ville, de sorte que le zélé prélat dut remette sa visite « jusqu'à un autre temps, » dit-il, « où je pourrai m'y rendre à leur insçu ! »

Un certain abbé d'Auvergne, qui remplissait le rôle d'inquisiteur de la foi dans le diocèse de Vienne à la plus grande satisfaction de son archevêque, et qui se rendait fréquemment à Annonay pour surveiller les nouveaux convertis, parle, à la date du 20 septembre 1700, d'une demoiselle de Mure, cachée à Lyon, et qu'il comptait également enfermer dans un couvent en commençant par faire emprisonner son père. (1)

*
* *

A dater de cette époque, et pour une longue période de temps, les documents relatifs aux protestants d'Annonay manquent complètemement, d'où l'on peut conclure que, terrorisés par les dragonnades et autres violences dont le pouvoir usa à l'égard des religionnaires qui ne voulaient pas abjurer, ils suivirent du moins extérieurement, les rites de l'église catholique et s'abstinrent de fréquenter les assemblées du désert. Un

---

(1) Archives du conseil presbytéral d'Annonay. Voy. aussi le *Bulletin de la Société de l'histoire du protestantisme français* (t. XXX, p. 117-124), qui a commis des erreurs de date et de nom.

état du nombre des familles protestantes de la ville d'Annonay dressé en 1740, porte celles-ci à 90, contre 895 familles catholiques. (1)

Neuf ans plus tard, en 1749, les protestants annonéens sortirent de leur torpeur ou tout au moins se montrèrent plus courageux et furent très sympathiques aux assemblées du désert. Mais comme celles-ci se tenaient à une distance considérable de la ville, il leur était très difficile de s'y rendre régulièrement.

En 1761, malgré le réveil que nous venons de signaler, ils continuaient pourtant de faire baptiser leurs enfants dans l'église catholique. Pour les en détourner, Pierre Peirot, un des pasteurs les plus distingués du Vivarais, leur adressa neuf *Lettres pastorales*. C'est « un ouvrage considérable, où la question est traitée sous toutes ses faces. Elles ont perdu toute application aujourd'hui à cause de l'évidence même de la thèse, mais elles sont encore instructives à lire à cause de la logique de l'auteur, et surtout à cause de la discussion des prétextes que les gens, portés aux accommodements, offraient à leurs pasteurs. C'est la réfutation la plus victorieuse du système des gallicans et des jansénites de Louis XV sur leur méthode expéditive du baptême, dont personne de conscience ne voulait ni chez les huguenots, ni chez les curés. » (2)

Quelques années plus tard, en 1768, on comptait à Annonay 95 familles protestantes, dont les noms suivent (3) :

---

(1) *Lettre du brigadier de La Devèze*, dans l'*Echo de l'Ardèche* du 5 déc. 1861.

(2) Coquerel, *Hist. des églises du Désert*, t. II, p. 504.

(3) Chomel le Béat, *Histoire du protestantisme à Annonay* (mns.).

Grande rue du Champ.

Mlle la veuve Veyrin.
Le mary de la Marconne.
Chatain.
Jalate.
Mr Veyrin cadet.
Mr Astier.
Mr Alleon, cadet.
M[r] La Grange.
Mr Perrier.
Mlle la veuve Paret.

Rue de la Pistorie

Mlle la veuve du s[r] André Léorat.
Mr Montilhon.
Mr de Lamberty.
Mr Veyrin.
Mr Fournat d'Ay.

Le tour de la grande église.

Mr Garde.
Mr Alléon, l'aîné.
Mr Ravel, bourgeois.
Mr Tourton.

Rue de Deome.

Mlle la veuve Léorat.
Mr Jean-Pierre Giscard.
Mlle la veuve Giscard.
Mr Alexandre Léorat.

A Valgelas.

Les dem[lles] Chomel.
La veuve Chomier.

Rue de Cance.

Mr Planchon.
La Chardonete.
Les d[lles] Laurent.

A la Poterle

Mr Louis Rouzier.

Rue Grangea.

Les dem[lles] Fournat.

A Ste Marie.

Mad. Boissi.
La Chatelle.
Brianson.
Jean-Pierre Cardeur.
Mantelin.
Veuve Veyre et son fils.
Danty.
La veuve Faucon.
Les dem[lles] Chomel.

Rue derrière le Champ ou de la Pomme.

La veuve Calonne et sa sœur.
Rouveure.
Ponsonnette.
Barey.
Cheval.
Pagelle.
Chantier.
Une fille étrangère chez la Calonne.

Fauxbourg de la Recluzière.

Mr Siméon Marcha.
Serrepuis.
Mr Marcha, aîné.
M. Moureton.
La demlle Moureton.
La veuve Briançon.
Mr Grenier.
La Chardonete.
Mr Leorat Cezar.
Mr Fournat de Brenieu.
Mr Leorat l'aîné.
Mr Racle..

La Valette et Fayas.

Mr Mathieu Johannot.
Mr Jean-Baptiste Johannot.
Un ouvrier papetier.
Un autre papetier.
Béraud, vigneron.
Le nommé Bois teinturier.
Un drapier.
Mr Antoine Marcha.

Dehors la ville.

Ponsonnet, à la porte du Champ.
Mr Leris, à Varaignes.
Mr Rouzier, à Chatinais.
La veuve Fraisse, à Boucieu.
Barey, à Marmati.
Mlle Rouzier et ses filles, au Colombier.
Mr Giscard, aux Faucons.
Mr Veyrin, aux Faucons.

Fauxbourg de Cance.
Paroisse d'Annonay.

Mr Deschaux, cadet.
La Charlotte.
Mlle la veuve Deschaux et son frère.
Mr Paret, teintutier.
La Pagelle.

Fauxbourg de Cance.
Paroisse de Roiffieu.

Ponsonnet.
Mantelin.
Beraud.
Mlle Laye.
Le nommé Gras.
Mr Lacou.
Mr Broé.
Ponsonnet.
Mr Peiron, à Lapra.
Ponsonnet, à Félix.
Beraud, à Félix.
Ponsonnet, à Baron.
Valenson, ou Fromental.
Mantelin, à Mantelin.
Un autre à Mantelin.

« On peut, il est vrai, » dit Chomel, « ajouter à cet état quelques religionnaires étrangers non mariés et inconnus, qui travaillent en différentes maisons. »

* * *

En 1773, l'église d'Annonay ayant repris entièrement courage, grâce aux progrès de la tolérance, résolut d'avoir un pasteur en propre et adressa vocation à Abraham Chiron, dit de Châteauneuf, né à Châteauneuf d'Isère, fils d'Etienne Chiron, maître d'histoire et de géographie et catéchiste à Genève, et de Catherine Chatelan, de Valence. Il avait fait ses études à l'Académie de Genève, où on le trouve immatriculé le 21 juin 1757 et il fut consacré au saint ministère en 1768 dans la cathédrale de Saint-Pierre. Après cela, il avait été pendant quelques années professeur à Rolle, puis avait rempli diverses suffragances en Suisse. Chiron ne tarda pas à être en butte à Annonay aux menaces des catholiques et même à leurs mauvais traitements. On avait de plus répandu le bruit qu'un ordre de la cour, dirigé contre lui, venait d'arriver. Il s'en plaignit à l'avocat du roi. « Je lui témoignai, » dit-il, « que je ne me croyais pas en sûreté ici, puisque des prêtres m'avaient calomnié deux fois ; qu'ils pouvaient me tendre des pièges, que je sortais rarement, vivais seul, qu'on voyait avec peine mon séjour ici, malgré l'honnêteté de mes principes et ma discrétion ; que, quand je sortais, j'étais insulté par des huées, et qu'on me jetait des pierres ; que je craignais tout et ne disais rien » (24 novembre 1777).

Il paraît que la plainte de Chiron auprès de l'avocat du roi ne fit pas cesser les vexations dont il était l'objet, car il quitta Annonay au commencement de l'année 1778. Il y était demeuré cinq ans environ, et avait fondé une pension de jeunes gens. L'année même de son départ, il visita les protestants de Roybon en Dauphiné. Paul Rabaut estimait qu'il eût pu rester à son poste sans craindre les menaces qu'on lui avait faites et l'ordre qu'on disait être venu de la cour contre lui. Il fut, en effet, reconnu, après informations prises en haut lieu, qu'aucun ordre n'avait été lancé contre Chiron (29 mai 1778) (1). En quittant Annonay, il accepta le poste de Beaumont près Valence, où il exerça les fonctions de maire à l'époque de la Révolution. Il y mourut regretté de tous le 18 mai 1812. Il s'était marié en premières noces avec Mlle Léorat, fille d'Alexandre Léorat et de feue Anne Johannot. Chiron était un homme instruit, sensé et laborieux. Il a laissé plusieurs centaines de sermons manuscrits et un catéchisme excellent, devenu fort rare, dont le titre suit : *Nouveau formulaire pour recevoir les catéchumènes à la sainte cène ;* Valence, J. J. Viret, l'an VII républicain, 46 p. in-8°.

* * *

L'église d'Annonay resta dix ans sans pasteur et put en obtenir un en 1788, le suisse J. J. Kœnig. La Révolution éclata l'année suivante et, le 3 septembre 1791, l'Assemblée nationale proclama la liberté la plus entière de conscience et de culte. Kœnig, qui avait accepté de faire partie de la *Société des amis de la constitution d'Annonay,* prononça dans une réunion générale de cette société un discours sur la liberté civile et religieuse (2). Dans une allocution préparatoire, il déclara que le seul titre qu'il avait à se présenter dans le sanctuaire de la liberté, qu'il venait de jurer de maintenir avec ses collègues, au péril de sa vie, c'était d'appartenir à un pays de montagnes, qui avait résisté à tous les despotismes. Le président de la société, L.-T. Chomel, lui répondit

(1) *Correspondance historique des deux Chirons* (mns).

(2) *Discours prononcés à Annonay par J. J. H. Kœnig, et imprimés par ordre de la Société des Amis de la Constitution...* Annonay, de l'imprimerie d'Agard, in-8°, 57 pages.

avec courtoisie qu'il avait l'honneur d'être né dans un état républicain et de porter un nom célèbre dans la science. C'était une allusion à Samuel Kœnig, savant philosophe et mathématicien. Après cela, Kœnig prononça son discours, qui n'est autre qu'un sermon sur I Corinthiens VII, 23 : *Vous avez été rachetés à un grand prix : ne soyez point esclaves des hommes.*

Il dit d'abord ce que la liberté n'est pas, puis ce qu'elle est. Ce n'est pas l'indépendance absolue et une inclination à blâmer, censurer et reprendre, ni un esprit de contradiction ou d'opposition aux décrets rendus par la représentation nationale et sanctionée par le prince. Cette liberté, qui n'a de prix que pour celui qui en use convenablement, est l'état le plus naturel et l'objet des vœux les plus ardents de l'homme ; elle perfectionne les facultés de son esprit et leur donne une plus grande autorité. C'est l'antidote assuré de toute espèce de servitude ; elle favorise toutes les vertus, est la mère des arts et des sciences ; ce n'est qu'en en jouissant que l'homme peut soutenir sa dignité de citoyen et de chrétien ; c'est enfin la jouissance la plus vraie et la plus pure de la vie.

Dans l'application de son discours, Kœnig exhorte vivement ses auditeurs à ne pas envier la liberté à ceux qui la possèdent, à se réjouir de leur bonheur et à ne pas entraver le développement de ce bien précieux. Il les presse d'en être les plus fermes soutiens et d'un relever le prix par leurs vertus.

Un passage du discours mérite d'être cité. Craignant que la Révoluton n'en vienne à mépriser et à haïr la religion dominante, qui a été la complice du despotisme royal et a fait verser des torrents de sang, Kœnig s'écrie avec une charité digne de tout éloge : « Frères et amis, si vous avez réformé vos ministres, gardez-vous bien d'avilir le ministère. Honorez vos pasteurs constitutionnels (1). Pénétrez-vous du respect que vous devez à ceux que vous avez choisis pour présider à votre culte. Comme chrétien aimez ceux qui ont refusé le serment prescrit pas la loi et respectez leur conscience. »

*
* *

En 1793, an II de la République, l'Europe presque tout entière était en guerre avec la France. Le synode du Vivarais et du Velay du 1er mai, pensant que cette formidable coalition, qui faisait courir les plus grands dangers à la patrie, pourrait « mettre quelqu'un des pasteurs du département dans le cas de consacrer ses bras à sa défense, » décida « que l'Eglise privée de pasteurs par cette cause, serait desservie par les autres pasteurs du département et compterait toujours les mêmes honoraires à celui que l'amour de la liberté aurait fait voler contre les ennemis. » Nos sources nous apprennent que Kœnig abandonna la carrière pastorale pour « voler contre les ennemis, » et qu'il mourut sur le champ de bataille après avoir été promu au grade de capitaine de cavalerie. Il avait quelque éloquence, une belle voix et une taille avantageuse.

De son temps les protestants d'Annonay se réunissaient à l'Auvergnat, dans un pré, derrière les bâtiments. La chaire se démontait à volonté et on la déposait dans le moulin, qui appartenait à la famille Fournat. Le lieu était paisible et solitaire, car la grande route du Puy-en-Velay n'était pas encore ouverte ; et, d'Annonay, on s'y rendait par une petite porte des remparts, nommée la porte de Genève, et par le chemin de Paras.

Peu après le départ de Kœnig, sous le régime de la Terreur, tous les temples protestants et toutes les églises catholiques de France furent fermés par ordre de

(1) La constitution civile du clergé avait été votée le 12 juillet 1790.

la Convention nationale, et les ministres des deux cultes contraints de cesser leurs fonctions sous peine de mort, comme aux plus mauvais jours de Louis XIV et de Louis XV.

* * *

Fidèle au plan que nous nous nous sommes proposé, nous ne poursuivons pas plus loin notre récit. L'histoire des protestants d'Annonay, depuis que leur église est régie par la loi organique du 18 Germinal an X (8 avril 1802), c'est-à-dire depuis l'union de l'Église avec l'Etat, appartient à l'histoire contemporaine, qu'il n'est peut-être pas encore temps d'écrire. Estimant toutefois que nos lecteurs seront heureux de connaître quelques dates et quelques faits relatifs à cette époque, nous les donnons en terminant.

1. L'église d'Annonay fut rattachée, après la promulgation de la loi de l'an X précitée, au consistoire de Lamastre, puis au consistoire de Saint-Agrève, quand, par ordonnance royale du 17 avril 1834, le premier fut scindé en deux nouveaux consistoires: Lamastre et Saint-Agrève. Les protestants notables ou plus fort imposés d'Annonay, qui concoururent à la nomination de ce nouveau consistoire, furent MM. Ravel Siméon, Fournat J., Marchat Antoine, Léorat, Johannot aîné, et Alléon Henry ; et les deux anciens délégués à St-Agrève : MM. Ravel Siméon et Fournat J.

A la suite du décret-loi du 26 mars 1852, qui réorganisa les cultes protestants et attribua à chaque paroisse un conseil presbytéral ou consistoire local, celui d'Annonay fut composé de MM. Chapuis Charles, Fournat Paulin, Alléon Henry, Monet Jean et Briançon fils aîné. Le délégué de ce conseil au consistoire de Saint-Agrève fut M. Chapuis Charles, et le représentant de l'église, M. Alléon Henri.

La distance entre Annonay et Saint-Agrève étant considérable et les chemins peu fréquentés et mal entretenus, un décret, en date du 25 novembre 1862, rattacha l'église d'Annonay au consistoire de St-Péray. Les membres du conseil presbytéral à cette époque étaient : MM. Alléon Henry, Fournat Paulin, Johannot Henri, Moureton Siméon et Paret Jean.

Cependant la population protestante d'Annonay s'était beau-coup accrue à cause de la prospérité du commerce de cette ville, de sorte qu'une seconde place de pasteur lui fut accordée par décret du 18 juin 1870. Par suite le nombre des membres de son conseil presbytéral dut être porté à six. Voici la composition actuelle de ce corps : MM. Paret Jean, Giscard James, Chapuis Eugène, Briançon Vincent, Johannot Henri, Fournat de Brézenaud Louis. Délégué du conseil presbytéral au consistoire : M. L. Fournat de Brézenaud ; représentant de l'église : M. Chapuis Edouard.

Les diacres, spécialement préposés à l'administration des deniers des pauvres de l'Eglise, sont MM. Pierre Durey, Combier Siméon, Ponsonnet Raymond, Paret Arthur, Peyrot P., Chapuis Emile, Ponsonnet Benjamin, Binet Jules.

2. Voici maintenant la liste des pasteurs qui ont desservi l'église d'Annonay depuis la réorganisation des cultes en 1802 :

Chaponnière F., de Genève, de la fin de l'année 1803 à 1831.

Bertrand César, de Montpellier, suffragant de M. Chaponnière de 1829 à 1831 et titulaire de 1831 à 1868, année de sa mort.

Jacot Frantz, de Paris, auxiliaire de 1867 à 1870.

Picard Paul, de Lyon, de 1868 à 1888.

Valloton Paul, originaire de la Suisse, de 1872 à 1873, nommé après la création du second poste de pasteur.

Perrot Joseph, de Barcelonne (Drôme), successeur de M. Valloton, depuis 1873.

Rey Pierre, de Sainte-Foy (Gironde), successeur de M. Picard, depuis 1888.

3. Quant à la population protestante d'Annonay, elle a suivi l'accroissement ou la diminution des affaires commerciales de la ville.

Vers 1830, elle flotte entre 800 et 1000 âmes. De 1840 à 1880, elle s'élève jusqu'à 1800 et 2000. Aujourd'hui, elle n'est plus que de 1500 âmes, en comptant les protestants de toute nuance de la ville et ceux qui sont disséminés dans les environs.

www.ingramcontent.com/pod-product-compliance
Ingram Content Group UK Ltd.
Pitfield, Milton Keynes, MK11 3LW, UK
UKHW021541260726
13993UKWH00002B/573